Klaus Scheible | Kurt-Georg Scheible

Verhandeln!

Klaus Scheible | Kurt-Georg Scheible

VERHANDELN!

Wie David Goliath besiegt und was im
Kopf des Einkäufers wirklich passiert

Bildrechte Autorenfoto: Wolfram Scheible, Stuttgart www.scheible.de
Grafiken Innenteil: Eisberg: DiBronzino – adobe.com
Strategiebilder in der Reihenfolge des Auftretens: ioannis kounadeas, Lena Balk, Pixel, sellingpix, Spark, COCLONEPROJECT, Outstyle, Visty, Trudidesign, envfx, Naiyyer, skvoor, Mi.Ti., Mardre, wetzkaz, weissdesign, 3d_generator – fotolia.com

Alle Rechte, insbesondere das Recht der Vervielfältigung und Verbreitung sowie der Übersetzung, vorbehalten. Kein Teil des Werks darf in irgendeiner Form (durch Fotokopie, Mikrofilm oder ein anderes Verfahren) ohne schriftliche Genehmigung des Verlags reproduziert werden oder unter Verwendung elektronischer Systeme gespeichert, verarbeitet, vervielfältigt oder verbreitet werden.

Die Autoren und der Verlag haben dieses Werk mit höchster Sorgfalt erstellt. Dennoch ist eine Haftung des Verlags oder der Autoren ausgeschlossen. Die im Buch wiedergegebenen Aussagen spiegeln die Meinung der Autoren wider und müssen nicht zwingend mit den Ansichten des Verlags übereinstimmen.

Der Verlag und seine Autoren sind für Reaktionen, Hinweise oder Meinungen dankbar. Bitte wenden Sie sich diesbezüglich an verlag@goldegg-verlag.com.

Der Goldegg Verlag achtet bei seinen Büchern und Magazinen auf nachhaltiges Produzieren. Goldegg Bücher sind umweltfreundlich produziert und orientieren sich in Materialien, Herstellungsorten, Arbeitsbedingungen und Produktionsformen an den Bedürfnissen von Gesellschaft und Umwelt.

ISBN Print: 978-3-902991-93-5
ISBN E-Book: 978-3-902991-94-2

© 2016 Goldegg Verlag GmbH
Friedrichstraße 191 • D-10117 Berlin
Telefon: +49 800 505 43 76-0

Goldegg Verlag GmbH, Österreich
Mommsengasse 4/2 • A-1040 Wien
Telefon: +43 1 505 43 76-0

E-Mail: office@goldegg-verlag.com
www.goldegg-verlag.com

Layout, Satz und Herstellung: Goldegg Verlag GmbH, Wien
Druck und Bindung: CPI books GmbH, Leck

Inhaltsverzeichnis

Vorwort 7

1. Im Kopf von Einkäufer und Verkäufer 15
2. Kommunikation ist alles – ich habe verstanden! 25
3. Einstieg in Verhandlungstaktiken 43
4. Vorbereitung – das A & O vor Verhandlungen 53
5. Verhandlungstaktiken – auch Ihre ist dabei! 67
Taktik 1: Die Salami-Taktik 71
Taktik 2: Aufsplittung 75
Taktik 3: Treppenverhandlung 77
Taktik 4: Vergleichsverhandlung 79
Taktik 5: Zukunftskondition 83
Taktik 6: Konditionstausch 87
Taktik 7: Überraschungstaktik 89
Taktik 8: Theoretischer Preis 91
Taktik 9: Rückzugsszenario 93
Taktik 10: Unwissenheitspreis 97
Taktik 11: Fauler Kompromiss 101
Taktik 12: Herdeneffekt 105
Taktik 13: Preis der Abhängigkeit 109
Taktik 14: Eine Hand wäscht die andere 113
Taktik 15: Freundschaftspreis 117
Taktik 16: Bad-Guy-Taktik 119
Taktik 17: 11. September 121
Taktik 18: EXIT-Strategie 125
Taktik 19: Stresstest 129
Taktik 20: Rambo-Taktik 133

6. Machen Sie sich die Kraft der Gedanken zu Ihrem Verbündeten 137

7. Psychologie – erkennen Sie Ihren Gegner! 151

8. Sehen Sie die Bedürfnisse hinter den Bedürfnissen! .. 169
Was Einkäufer lieben – und was sie hassen 187

9. Das war die Theorie – setzen Sie sie in die Praxis um! 191

10. Nachwort 201

11. Anhang 203
Kurt-Georg Scheible 203
Klaus Scheible 209

Vorwort

Zwei Freunde treffen sich am Abend. Der eine arbeitet seit Jahren verantwortlich im Vertrieb. Der andere ist ebenso lang leitend im Einkauf tätig. Während des Gesprächs fragt der Verkäufer seinen Freund: „Etwas habe ich in Verhandlungen mit euch Einkäufern nie verstanden. Wann ist bei euch eine Verhandlung ausgereizt? Wann ist es genug? Also, wann hört ihr auf zu fordern?" Der Einkäufer antwortet kurz und knapp: „Nie!"

So einfach dieser kleine Dialog scheinen mag, so komplex ist das Thema. Sehr vielen Menschen im Vertrieb ist die Aufgabe eines Einkäufers im Handel nur unzureichend oder gar nicht bewusst. Ein Einkäufer hat einzig und allein eine Aufgabe: Für sein Unternehmen einen Vorteil erhandeln – und zwar einen Vorteil gegenüber dem eigenen Wettbewerb, nicht mehr und nicht weniger. Der Verkäufer ist da nur „Mittel zum Zweck".

Aus diesem Gesichtspunkt ergeben sich zahlreiche Verhandlungspositionen, „Hebel" gewissermaßen, mit denen ein Einkäufer den Verlauf der Verhandlungen steuern kann. Für die meisten Vertriebler dagegen haben Verkaufsgespräche den Charakter einer Verhandlung mit übermächtigen Gegnern. Und so widersinnig das im ersten Augenblick klingen mag: Gerade für den Verkäufer ergeben sich aus dieser Position viele Vorteile, die er für seinen Erfolg nutzen kann.

Verhandelt wird täglich, ständig und überall – ob an der Börse, zwischen Geschäftsleuten oder auf einem Marktstand. Manchen Menschen liegt das Verhandeln, anderen weniger. Übermächtige Gegner gibt es in jedem Bereich des Lebens. Mal verhandelt ein Mitarbeiter mit dem Chef bzw. mit der Personalabteilung über Gehalt oder Arbeitskonditionen. Dann gibt es Gespräche zwischen Unternehmen und Kreditinstituten, zwischen dem Privatier und seinem Telekommunikationsanbieter oder auch zwischen dem Sportverein und der Kommune. Selbst im ganz privaten Bereich verhält es sich so, wenn Kinder mit ihren Eltern ums Taschengeld oder längere Ausgehzeiten verhandeln, aber ebenso, wenn Eheleute vor Gericht eine Scheidung durchsetzen wollen. Eine Verhandlung kann auf Augenhöhe erfolgen oder in einem ungleichen Verhältnis wie David gegen Goliath.

Auch wenn sich unser Buch hauptsächlich auf das Verhandeln zwischen Einkauf und Verkauf bezieht, sind die Grundzüge, Techniken sowie Taktiken bei jeder Form von Verhandlungsgespräch identisch. Insofern sprechen wir jeden an, der sein Verhalten, sein Denken und sein Vorgehen bei dieser Art von Gesprächen verbessern und optimieren möchte. Dieses Buch ist an unsere Seminare „Im Kopf des Einkäufers 1 und 2" angelehnt. Wir haben aus über 20 Jahren Verhandlungspraxis Wissen, Übungen und Fallbeispiele zusammengetragen – und das aus den Blickwinkeln eines Verkäufers *und* eines Einkäufers.

Immer wieder stellen wir fest, dass sich die meisten Verhandler zwar optimal auf ihre Präsentation vorbereiten, jedoch dabei ganz die Verhandlungsgegner vergessen. So etwas spielt einem erfahrenen Einkäufer in die Hände. Am Ende ist der Verkäufer verwundert, wenn er seine Ziele kaum durchsetzen konnte – sei es in Form von Zugeständnissen oder durch das Akzeptieren von für ihn ungünstigen Konditionen.

Ebenso fatal ist das unbedachte Vereinbaren von Terminen. Vergessen Sie Pflichttermine, nur weil es im zeitlichen Turnus liegt, sich wieder melden zu müssen. Bleiben Sie zu Hause, wenn Sie nichts zu bieten haben! Nichts ist ermüdender und zeitraubender als Termine, die keinen Inhalt haben – für den Einkäufer, aber auch für Sie selbst. Es schadet mehr, als es einer Kontaktpflege dienlich ist. Neben dem Image des zu vertretenden Unternehmens und dem eigenen

Ruf, der leiden kann, wirkt sich das ebenso nachhaltig auf künftige Verhandlungen aus. Es gibt andere Möglichkeiten der Kontaktpflege, die Sie sich von Zeit zu Zeit ins Gedächtnis rufen können.

In unserer täglichen Arbeit, den Seminaren, Beratungen und Verhandlungen, erleben wir häufig, dass eine Einteilung in „überlegen" oder „unterlegen" bereits weit vor der Verhandlung zu Nachteilen führt. Grund dafür ist nicht nur „ein Ruf", den ein Verhandlungsgegner genießt.

Der Grund für Niederlagen ist viel einfacher und oberflächlicher: Gespräche werden schlichtweg unzureichend vorbereitet. Zahlen und Fakten, die Argumente selbst sind zu schwach, um aus einem scheinbar „übermächtigen Gegner" einen Verhandlungspartner auf Augenhöhe zu machen. Eine erfolgreiche Verhandlung hängt maßgeblich von einer sorgfältigen Vorbereitung ab, wenn Sie letztendlich als Sieger aus einem Verkaufsgespräch gehen wollen!

Die Basis jeglicher Art von Verhandlung beruht auf menschlichen Beziehungen. Dabei ist es völlig unerheblich, ob es sich um das Verhältnis eines Einkäufers zum Verkäufer, eines Chefs zum Mitarbeiter oder das eines Privatiers zum Autoverkäufer dreht. Die Beziehung zwischen den handelnden Menschen bildet die Grundlage – die Beziehungsebene. Sie ist die Basis von allem. Verhandelt wird immer von Mensch zu Mensch, selbst wenn Maschinen wie Computer oder Telefone zwischengeschaltet sind. Am einen wie am anderen Ende sitzt ein Mensch – es geht um den Dialog zwischen Menschen, deren Verhalten und Fähigkeiten zu kommunizieren. Das wird in der Hektik des Alltags und unter Termin- und Erfolgsdruck oft außer Acht gelassen. Es ist daher elementar, Menschenkenntnis zu schärfen und auszubauen. Werden die Grundstrukturen des menschlichen Miteinanders und der Kommunikation beherrscht, beeinflusst das den Verlauf einer Verhandlung – und zwar zu Ihren Gunsten positiv!

Angesichts eines ständig sich verschärfenden Wettbewerbs in ausnahmslos allen Branchen, mag das für viele im Vertrieb auf den ersten Blick widersprüchlich klingen. Der Umgangston ist bisweilen rau bis rüde. Druck wird auf unterschiedlichste Weise ausgeübt, ja, teilweise wird unverhohlen gedroht. Was wir durch unsere Kunden, die wir begleiten, und von Seminarteilnehmern erfahren, ist zweifellos oft fragwürdig. Ein Beispiel aus einem sehr hart umkämpften Markt, der Automobilindustrie, sei hier genannt, es kommt bestimmt dem einen oder anderen Leser bekannt vor: Jahrelang wurde von einem großen Autohersteller Druck auf die Zulieferer ausgeübt. Die Waren sollten unbedingt billiger werden. Ziel des Konzerns war es, die Kosten im Rahmen verschiedener Effizienzprogramme weiter zu senken. Doch irgendwann konnte einer der Lieferanten den Tiefpreis seiner Produkte nicht mehr halten. Das Automobilwerk trat dennoch aggressiv auf. Die Einkäufer setzten ihren Verhandlungsgegner weiter massiv unter Druck. Und trotz aller Erklärungen und persönlicher Bitten des Lieferanten, dass „nichts mehr ginge", wurden ständig weitere Zugeständnisse und Reduzierungen gefordert. Diese Vorgehensweise führte dazu, dass die Verhandlungen scheiterten. Und zwar auf eine Weise, wie sich der Automobilhersteller wahrscheinlich nicht hätte träumen lassen: Statt die benötigten Autokomponenten zu noch tieferen Preisen einzukaufen, ging der Lieferant Konkurs. Es war ihm schlicht unmöglich, seine Produkte zu den geforderten Preisen und Konditionen auszuliefern. Er konnte zuletzt die niedrigen Preise nicht halten, da ihn schon die vorherige Verhandlungsrunde in den Ruin getrieben hatte.

Für den Autohersteller war das Ergebnis also nur an der „Oberfläche" als erfolgreich zu bezeichnen. Einerseits hatte man die Forderungen zum eigenen Vorteil rücksichtslos durchgesetzt. Auf den ersten Blick durchaus ein Gewinn! Aber der Vorteil, den anderen gnadenlos heruntergedrückt zu haben, erwies sich schon bald als gravierender Nachteil im eigenen Lager. Nicht nur, dass der Autohersteller mit empfindlichen Qualitätseinbußen bei den entsprechenden Autoteilen zu kämpfen hatte (Rückrufe und millionenteure Nachrüstungen waren die Folge), er musste auch den Lieferanten stützen, bzw. sich massiv an dem Unternehmen beteiligen, um es am Leben zu erhalten, da sich auf die Schnelle doch kein anderer Zulieferer fand, der zu den gewünschten Billig-Konditionen liefern konnte. Unterm Strich kam den Autohersteller das gnadenlose Auspressen in den Verhandlungen teuer zu stehen. Er hatte hohe finanzielle Einbußen und musste darüber hinaus in einen finanziell kränkelnden Betrieb investieren, um ihn zu stützen. Maßvolles Verhandeln hätte diese verhängnisvolle Situation entschärfen können.

In diesem Buch verraten wir Ihnen elementares Know-how über Menschenkenntnis. Lesen Sie beispielsweise aus dem Gesicht Ihres Verhandlungsgegners, ob es sinnvoll ist, Ihr Anliegen schrittweise oder in einem kompakten Stück vorzutragen. Sitzen Sie einem Menschen gegenüber, der es von seiner Veranlagung her vorzieht, Informationen en bloc präsentiert zu bekommen, wird ein scheibchenweises Vortragen negativen Einfluss auf die Gesprächsatmosphäre haben.

Sie werden erfahren, warum Kommunikation so bedeutend ist. Eine Verhandlung kann nur erfolgreich sein, wenn sich beide Seiten miteinander verständigen können. Ist das unmöglich oder wird die Kommunikation durch irgendetwas beeinträchtigt, kommt entweder ein unbefriedigendes Ergebnis der Verhandlung zustande oder gar kein Abschluss. Das fängt bei der Sprache an und setzt sich über die Inhalte fort. Es führt zu keinem Ergebnis, wenn über Blumen geredet wird, aber der eine Gesprächsteil „Rosen" meint und der andere sich „Nelken" vorstellt. Deshalb gilt für eine Verhandlung: Kommunizieren Sie klar und eindeutig! Es geht darum, sich verständlich zu machen und verstanden zu werden! Das beinhaltet das genaue (Hin- sowie Zu-)Hören. Daraus resultiert das Verstehen, was im Verstandenhaben mündet. Allzu gern wird das als Banalität betrachtet.

Wir zeigen und erläutern Ihnen *Verhandlungstechniken*, erklären Ihnen die *Ziele und Wirkungen von zwanzig Verhandlungstaktiken* und zeigen Ihnen die *Unterschiede zwischen emotionaler und sachbezogener Vorgehensweise*. Darüber hinaus verraten wir Ihnen *Abwehrtechniken*, mit denen Sie sich schützen und aktiv wehren können.

Mit unserem Buch führen wir Sie „in den Kopf des Einkäufers", damit Sie Ihre Verhandlungstechniken verbessern können und beim nächsten Geschäftsgespräch ein erfolgreiches Verhandlungsergebnis erzielen:

- Lernen Sie die Vorgehensweisen der Handels-Einkäufer kennen und die wirkungsvollsten Abwehrstrategien dazu.
- Erfahren Sie, was tatsächlich hinter den Strategien der Einkäufer steckt – und wie Sie davon profitieren.
- Das Buch vermittelt, was Sie über schwierige Verhandlungen wissen müssen, worauf es ankommt und was wirklich hilft.

Für den Vertriebsbereich können Sie von folgenden Punkten profitieren:

- Sie erlangen Kenntnis über das veränderte Vorgehen der jungen Einkäufergeneration: Ruhiger, sachlicher – partnerschaftlicher?
- Wir zeigen Ihnen die sieben größten Irrtümer im Vertrieb – und wie Sie nicht darauf hereinfallen.

- Was Einkäufer lieben und was sie hassen, erläutern wir ebenfalls – und was Sie zur Nummer 1 bei Ihrem Verhandlungsgegner macht.

Sie merken, dass wir den Fokus in unserem Buch in vielen Beispielen besonders auf die Verhandlungspositionen Einkäufer/Verkäufer gerichtet haben. Diese sind per se geeignet, um das Verhandeln und Verhandlungssituationen besonders plastisch und praxisorientiert darzustellen. Wir wenden uns jedoch an alle Menschen, die oft oder gar täglich in Verhandlungen stehen, die Gespräche mit Konfliktpotenzial führen und die verhandeln müssen.

Wir möchten an dieser noch zwei Anmerkungen machen beziehungsweise Ihnen einleiten Worte für die nächsten Kapitel mit auf den Weg geben:

Uns ist bewusst, dass über die Jahre immer mehr Frauen neben vielen anderen Berufen gleichwohl im Einkauf oder im Vertrieb arbeiten. Um nicht jeden Begriff zu gendern, verwenden wir die in weiten Teilen des Sprachgebrauchs noch übliche männliche Form der Berufsbezeichnung. Damit verbinden wir jedoch Frauen wie Männer, die diese Berufe ausüben. Nach unserer Auffassung liest sich ein Text so leichter.

Ebenfalls ist uns bewusst, dass sich die meisten unserer Beispiele auf das Zusammenspiel zwischen Einkäufer und Vertriebler beziehen. Das liegt zum einen daran, dass wir seit Jahrzehnten in diesen Bereichen tätig sind. Viele Situationen haben wir erlebt oder beobachten können. Zum anderen sind es genau diese Ereignisse, die uns angestoßen haben, über das Verhandeln an sich in der Geschäftswelt zu reflektieren. Daher richtet sich das Buch an alle, die in Geschäftsgesprächen Standpunkte vertreten, argumentieren und Angebote austarieren müssen. Darüberhinaus können in leichter Abwandlung die geschilderten Verhandlungstechniken auch im privaten Umfeld eingesetzt werden, sei es beim Kauf eines Autos, eines Hauses oder einer Kücheneinrichtung.

Wer gut vorbreitet, geschickt und mit Weitsicht verhandelt, wird erfolgreich seine Ziele erreichen.

Ihr
Klaus und *Kurt-Georg Scheible*

KAPITEL 1

Im Kopf von Einkäufer und Verkäufer oder: Kennen Sie Ihr Gegenüber und sich selbst?

Danke, dass Sie sich die Zeit nehmen, sich mit neuen bzw. anderen Gesichtspunkten über Verhandlungstechniken zu befassen.

Wieso bedanken wir uns bereits zu Beginn des Buches, werden Sie sich fragen. Die Antwort ist: Sie hätten in dieser Zeit auch etwas anderes erledigen können. Statt dieses Buch zu lesen, könnten Sie beispielsweise Ihre Arbeitswoche vorbereiten oder die Statistiken Ihrer Vertriebslisten auswerten. Aber Sie haben sich anders entschieden!

Dass wir uns gleich zu Beginn bei Ihnen bedanken, hat zwei Gründe: Zum einen werden nicht nur im Vertrieb, sondern generell in allen Bereichen des Lebens zu wenig dankende Worte gefunden. Es ist alles selbstverständlich geworden. Termindruck und schnelllebige Zeit führen eben dazu und verhindern, dass wir einen Augenblick lang unser Verhalten und unser Handeln reflektieren.

Das vorherrschende Tempo begünstigt, dass viele Menschen nur noch reagieren, statt zu agieren. In dieser Hektik verlieren sie den Überblick. Wer die Übersicht verliert, hat in der Regel ebenso die Orientierung verloren. Eine aufkommende Verunsicherung macht sich breit, die durch Schlagzeilen in den Wirtschaftsnachrichten beflügelt wird. Nichts scheint mehr so zu sein oder zu funktionieren wie in der Vergangenheit. Ständig wird über neue Strategien, Verhandlungstechniken oder neue Empfehlungen berichtet. Auch wir spüren diese Verunsicherung in unserer täglichen Arbeit. Unternehmen rufen uns an und möchten erfahren, was derzeit die beste Verhandlungsstrategie ist. Am Rande von Seminaren und Workshops werden wir auf die Schlagzeilen der Wirtschaftspresse angesprochen, und um eine Stellungnahme gebeten. Auch Fernsehsender wie RTL oder die Dritten Programme rufen bei uns an und bitten um ein Statement. All das sind Anzeichen von Umwälzungen in unserer Gesellschaft und einer damit einhergehenden Verunsicherung.

In diesem Buch bieten wir Ihnen unsere gesammelte Erfahrung und unser Wissen an. Wir sprechen im Verlaufe dieses Buches Dinge an, die Sie in der einen oder anderen Form schon einmal gehört haben. In unseren Seminaren und Vorträgen hören wir an diesem Punkt manchmal: „Das habe ich schon irgendwann gehört. Das kenne ich." Wenn bekannte Sachverhalte oder Beispiele vorgetragen werden, schalten einige Menschen regelrecht ab. Diese Reaktion ist nachvollziehbar und verständlich bei der Vielzahl an Informationen und Medien, die uns zur Verfügung stehen. Es wirkt sich jedoch als „Erfolgsverhinderer" auf den gesamten Wissenstransfer aus. Wir möchten Sie deshalb bewusst dazu anregen, sich immer wieder auch bekannte Sachverhalte erneut und unter einem anderen Blickwinkel vor Augen zu führen. Das ist sinnvoll, wenn Sie verschiedene Techniken und Verfahren wirklich beherrschen möchten. Bloßes Kennen ist unzureichend, das Können ist entscheidend! Unsere Intention

Im Kopf von Einkäufer und Verkäufer

ist es, dass Sie nach dem aufmerksamen Lesen des Buches schwierige Fälle angehen und erfolgreich abschließen können.

Kennen Sie die Geschichte von dem Spaziergänger und dem Waldarbeiter? Sie beschreibt sehr schön, wie die Situation in der Gesellschaft und damit auch in der Wirtschaft derzeit aussieht:

Ein Mann geht an einem schönen sonnigen Sonntag spazieren. Sein Weg führt ihn an einem Waldstück vorbei. Aus dem Wald dringen Geräusche. Als der Mann am Waldrand steht, kann er deutlich hören, dass jemand im Wald arbeitet. Der Spaziergänger folgt den Geräuschen. Schließlich entdeckt er einen Mann, der versucht, einen Baum zu fällen. Mit vollem Körpereinsatz und aller Kraft sägt dieser Mann an einem Baumstamm. In einer Pause fragt der Spaziergänger den Waldarbeiter, was er dort mache. Kurz und knapp lautet die Antwort: „Einen Baum fällen, was denn sonst!"

„Das sehe ich", erwidert der Spaziergänger und schließt eine weitere Frage an: „Sie mühen sich so sehr ab. Aber was Sie dort machen, kann gar nicht funktionieren. Warum schärfen Sie nicht zunächst Ihre Säge, bevor Sie weiter arbeiten?" Mürrisch antwortet der Waldarbeiter: „Keine Zeit, ich muss den Baum fällen!" Und arbeitet weiter.

Worüber wir in dieser Geschichte schmunzeln, ist im Beruf und bei vielen Tätigkeiten zu beobachten: Menschen fühlen sich so bedrängt, dass sie sich kaum noch Zeit dafür nehmen, sich auf das Wesentliche zu konzentrieren und die eigene Arbeit zu reflektieren.

Es ist ratsam, von Zeit zu Zeit innezuhalten und sich umzuschauen; zu sehen, was die anderen um uns herum machen. Ist es noch richtig, was man regelmäßig macht? Hat sich etwas verändert? Müssten wir vielleicht unsere eigenen

„Sägen" schärfen, damit unsere Arbeit wieder effizienter werden kann?

Doch meistens wird ohne Analyse der Umstände einfach weitergemacht wie bisher. Dabei sind sehr viele Berufstätige sogar ausgesprochen gut in ihrer Tätigkeit, wie dieser Waldarbeiter. Genauso wie er haben viele fleißige und gewissenhafte Menschen ein Ziel vor Augen.

Die „Säge" ist also da. Sie muss nur in einem gewissen Rhythmus gewartet werden. Über ihrer Arbeit vergessen viele Menschen nur, zeitweilig die Stellschrauben ihres Handelns zu justieren – das Werkzeug zu „schärfen".

In den folgenden Kapiteln möchten wir gemeinsam mit Ihnen Ihre Handlungsmuster überprüfen und diese durch Anregungen, Tipps und Übungen ergänzen und verbessern. Wir wünschen uns, dass Sie Ihre Säge schärfen, damit es mit dem Baumfällen wieder fließend klappt. Selbstverständlich ist uns bewusst, dass wir im Verlaufe des Buches immer wieder Dinge ansprechen werden, die Sie in der einen oder anderen Form schon einmal gehört haben. Es ist dennoch sinnvoll, sich immer wieder auch bekannte Sachverhalte erneut und unter einem anderen Blickwinkel vor Augen zu führen, damit Techniken und Verfahren wirklich beherrscht werden. Bloßes Kennen ist unzureichend, denn das Können ist entscheidend! Unsere Intention ist es, dass Sie nach dem aufmerksamen Lesen des Buches schwierige Fälle in Ihrem Berufsalltag angehen und erfolgreich abschließen können.

In großen Unternehmen wird in der Regel klar zwischen der Einkaufsabteilung und dem Vertrieb unterschieden. Bei Verhandlungen ist der Einkäufer der Gegenspieler des Verkäufers. Jedoch können diese Funktionen in kleineren Betrieben durch den Inhaber selbst, einen Geschäftsführer oder sogar Einkauf und Verkauf in Personalunion wahrgenommen werden. Zwischen Einkauf und Vertrieb gibt es ein

Im Kopf von Einkäufer und Verkäufer

Spannungsfeld, das in unterschiedlichen Interessen begründet ist. Viele Verkäufer wundern sich über die Reaktionen eines Einkäufers. Sie verstehen seine Position schlichtweg nicht. Deshalb geht es in diesem Buch um das Verhandeln, das Verstehen des Verhandlungsgegners und um die Anwendung der richtigen Techniken zur erfolgreichen Durchsetzung der eigenen Positionen.

Verhandelt wird immer und überall, gleich, ob es in der Politik oder Wirtschaft ist. Selbstverständlich können Sie die beschriebenen Verhandlungsmethoden ebenso im privaten Bereich einsetzen.

Wie schon kurz angeschnitten haben Vertriebler oft Probleme, die Gedanken eines Einkäufers nachzuvollziehen und zu verstehen. Das ist aber elementar, um Verhandlungstaktiken zum Vorteil einsetzen zu können.

Wir haben uns entschieden, in diesem Buch stellvertretend für alle Vertriebler eine fiktive Figur einzusetzen. Unsere Figur heißt *Christian*. Wenn Christian an einer Stelle des Kapitels erscheint, geht es um eine besondere Problemstellung aus Sicht des Vertriebs in Bezug auf einen Umstand aus dem Einkauf.

Wie sich die gravierenden Unterschiede zwischen Vertrieb und Einkauf darstellen, wollen wir an dieser Stelle an einem Beispiel verdeutlichen. Der Vertrieb fragt sich immer wieder, warum um kleine Beträge oder Prozentsätze wie 0,1 Prozent verhandelt wird. Wenn Sie möchten, können Sie die umseitige Aufgabe selber durchrechnen.

Was bedeuten 0,1 Prozent an Investitionen per anno in fünf Jahren bezogen auf einen Jahresumsatz? Wieviel Prozent ergibt das? Haben Sie ein Ergebnis errechnen können? Es sind weder 0,75, noch 1,0 Prozent – es sind 1,5 Prozent. In zehn Jahren ergibt das bereits 5,5 Prozent.

Dem Einkäufer ist bei einer Verhandlung bewusst, was er mit 0,1 Prozent bewirken kann. Dem Verkäufer ist die-

Im Kopf von Einkäufer und Verkäufer

> **0,1% pro Jahr bedeuten**
> **in 5 Jahren   1,5 %**
> **in 10 Jahren   5,5%**
> **bezogen auf den Jahresumsatz**

ser kalkulatorische Umstand oft unklar oder gar nicht bewusst. Dahinter steht das ungeschriebene Gesetz, dass jeder zugesagte Nachlass nie mehr neu verhandelt wird. Allein aus diesem Gesichtspunkt ergeben sich unterschiedliche Verhandlungspositionen. Um Ihnen diesen kalkulatorischen Mechanismus zu verdeutlichen, zeigen wir Ihnen die Auflösung der Aufgabe gerechnet auf fünf Jahre. (Siehe Rechnung Seite 21.)

Wiederholt werden wir im Verlauf des Buches auf Besonderheiten von Verkäufern und Einkäufern aufmerksam machen. Diese Verweise dienen dem besseren Verständnis der jeweils anderen Seite. Ferner werden wir Ihnen 20 verschiedene Verhandlungstaktiken demonstrieren und erläutern. Einige Methoden sind sofort wirksam, andere kommen erst langfristig zur Geltung. In diesem Zusammenhang erklären wir den Unterschied zwischen Strategien und Taktiken. Denn wir erfahren während unserer Tätigkeit häufig, dass diese Begriffe verwechselt werden. Das hat ungünstige Auswirkungen auf das Verhalten bei Verhandlungen.

Wir werden Ihnen erklären, wie Sie Ihr Gegenüber in

> **Bei einem Volumen von 1.000.000:**
> Jahr 1   0,1% = 1.000
> Jahr 2   0,1% = 1.000 + 1.000 vom Vorjahr
> Jahr 3   0,1% = 1.000 + 2.000 vom Vorjahr
> Jahr 4   0,1% = 1.000 + 3.000 vom Vorjahr
> Jahr 5   0,1% = 1.000 + 4.000 vom Vorjahr
> In Summe 15.000 = 1,5%

einem Gespräch als Partner respektive als „Freund" gewinnen können. Unser Ziel ist es, dass Sie erkennen, was Sie selbst unternehmen können, damit sich dieses positive Verhältnis aufbaut. Natürlich gehen wir ebenfalls darauf ein, was in jedem Fall zu unterlassen ist und was ein Verhandlungsgespräch nachhaltig stört. Kurz gesagt, wir führen Ihnen vor, was Einkäufer „lieben" und was sie „hassen". Und ein „Einkäufer" ist eigentlich jeder Gesprächspartner, den Sie von etwas überzeugen möchten. Die Basis jeglicher Art von Verhandlung beruht auf menschlichen Beziehungen. Es ist egal, ob es dabei um das Verhältnis von Einkäufer zu Verkäufer, von Chef zu Mitarbeiter oder von Ehemann zu Ehefrau geht. Die menschliche Beziehung bildet die Metaebene. Eine Verhandlung findet immer von Mensch zu Mensch statt. Es sind keine Maschinen, mit denen wir reden. Es ist uns wichtig, diesen Punkt so deutlich zu formulieren, da das in der Hektik des Alltags oft übersehen wird. Es ist daher erforderlich, Menschenkenntnisse zu schärfen und auszubauen. Beherrschen Sie die Grundregeln des menschlichen Miteinanders, beeinflusst das eine Verhandlung zu Ihren Gunsten positiv.

Außerdem weisen wir auf einen ganz entscheidenden Punkt hin: Gleichgültig, wie gut Sie Ihren Gesprächspartner kennen, und unabhängig davon, wie sich Ihre Beziehung zu ihm außerhalb einer Verhandlung gestaltet (eventuell sogar freundschaftlich!) – während einer Verhandlung ist Ihr Gesprächspartner Ihr Gegner! Deswegen sprechen wir bewusst von Ihrem Verhandlungsgegner. Wenn Sie beispielsweise mit einem Freund zu einem Fußballspiel in unterschiedlichen Mannschaften auf den Fußballplatz gehen, dann ist er per Anpfiff Ihr fußballerischer Gegner. Während des Spiels kann es dazu kommen, dass Sie sich gegenseitig in die Parade fahren. Unter Umständen ist das schmerzhaft. Das Fußballspiel ändert jedoch nichts an ihrer Freundschaft außerhalb des Spiels.

In Verhandlungen verhält es sich ebenso. Es stellt sich danach die Frage, wie Sie während einer Verhandlung reagieren. Wie verhalten Sie sich, wenn Sie durch den Verhandlungsgegner provoziert werden? Was machen Sie, wenn Ihr Gegner Sie während des Gesprächs als Teil seiner Taktik bewusst täuscht? Mit diesen Fragestellungen müssen Sie sich bewusst befassen und sich entsprechend vor einer Verhandlung innerlich darauf einstellen. Wir verraten Ihnen Techniken, wie Sie Ihrem gewohnten Automatismus entgegenwirken können. Es sind kleine Kniffe, die Ihnen helfen, vertraute, aber schädliche Verhaltensmuster zu erkennen, zu unterbinden und ihnen entsprechend entgegenzusteuern.

Was nützen außerdem die besten Verhandlungstaktiken, das umfassendste Wissen um Menschenkenntnisse oder eine optimale Vorbereitung durch Recherche aller relevanten Fakten und Daten, wenn Sie mit der Haltung „Ich habe wenige oder keine Chancen!" in ein Verhandlungsgespräch einsteigen? Es geht also auch um Ihre mentale Einstellung, die wesentlich für den Ausgang einer Verhandlung ist. Oft kommentiert z.B. der Trainer nach einem verloren gegangenen

Fußballspiel die Situation so: „Wir haben zwar gut gespielt, jedoch fehlte uns die richtige mentale Einstellung."

Was für den Sport gilt, hat ebenso seine Gültigkeit im wirtschaftlichen und privaten Leben. Darin unterscheiden sich beide nicht. Warum, stellt sich die Frage, verhalten sich dann so viele Menschen anders, wenn es um Verhandlungen in eigener Sache geht? In dem Moment, in dem Sie mit Ihrem Kunden zu einem Geschäftsgespräch fahren und annehmen, Sie seien chancenlos, haben Sie die Verhandlung bereits verloren. In diesem Fall ist es besser, Sie bleiben zu Hause. Neben einem unerfreulichen Verhandlungsverlauf verursachen Sie vermutlich einen wirtschaftlichen Schaden, indem sie unbewusst ein Geschäft verhindern. Zudem laufen Sie Gefahr, Ihr Image zu schädigen, denn man wird Sie als schwachen Verhandlungsgegner wahrnehmen. Sich aus dieser Rolle wieder zu befreien, ist schwer.

Selbst als vermeintlich unterlegener Gesprächsgegner können Sie in einer Verhandlung selbstbewusst und kraftvoll auftreten. Mit der richtigen Einstellung können Sie das Blatt zu Ihren Gunsten wenden. Wir zeigen Ihnen Techniken und Methoden, wie Sie sich innerlich aufrichten und selbst motivieren.

Ein zentraler Aspekt sowohl im Einkauf als auch im Verkauf ist, gute Ware für gutes Geld zu bekommen bzw. gutes Geld für Qualität zu erhalten. Es geht um die Wertschöpfung auf beiden Seiten. Qualitativ gute Ware sichert den Unternehmen langfristig stabile Gewinne. Eine gute Qualität sorgt auf Verbraucherseite für Zufriedenheit, die wiederum zu einer langfristigen Kundenbindung führt. Das galt für lange Zeit nicht mehr. Es ging nur noch um das Argument „billig, billiger, am billigsten". Die Qualität blieb dabei auf der Strecke. Erinnern Sie sich noch an den Top-Manager Ignacio Lopez? 1993 gelang es Ferdinand Piëch, dem Vorstand von VW, Lopez von Opel abzuwerben und für VW zu verpflichten. Aufgrund seines rigiden Verhandlungsverhaltens bekam Ignacio Lopez den Beinamen „Würger von Wolfsburg". Als Chefeinkäufer drückte er die Preise so radikal, dass in der Folge die Qualität erheblich darunter litt. Das war die Zeit, als die Karossen der VWs sehr schnell anfingen, stark zu rosten. Mittlerweile ist Ignacio Lopez Geschichte. Was geblieben ist, ist der Ausdruck „Lopez-Effekt", der schlicht für Schund steht.

Vor diesem Hintergrund ist es unsere Vision, dass Sie Ihrem Verhandlungspartner, egal in welcher Lebenssituation auf Augenhöhe begegnen. Das bedeutet zum Beispiel für den Handel, dass der Kunde wieder Vertrauen hat und bereit ist, gutes Geld für gute Waren auszugeben. Noch wird im Berufsleben mehrheitlich über den Preis argumentiert. Erfreulicherweise kündigt sich aber inzwischen ein Umdenken an.

Wenn Sie aus diesem Kapitel mitnehmen, dass viele Situationen im Leben mit jener von Einkäufer und Verkäufer vergleichbar ist, haben Sie den ersten Schritt getan. Wenn Ihnen weiter bewusst wird, dass es immer möglich und von Vorteil ist, andere Sichtweisen einzunehmen, dann sind Sie bereits dabei, neues Verständnis für Ihr Gegenüber zu entwickeln.

In den folgenden Kapiteln beschäftigen wir uns mit folgenden Inhalten:
- Unterschied zwischen Strategie und Taktik
- 20 Verhandlungstaktiken, die kurzfristig, aber auch langfristig wirken
- Der Einkäufer „mein Freund" oder: Was lieben und was hassen Einkäufer?
- Ergänzung und Ausbau von Menschenkenntnis, die Metaebene aller Verhandlungen
- Die mentale Einstellung entscheidet über Erfolg oder Misserfolg
- Ein ebenbürtiges Miteinander von Einkauf, Verkauf und Kunden

KAPITEL 2

Kommunikation ist alles – ich habe verstanden!

Kommunikation ist alles. Dieser Satz gilt wohl als Allgemeinplatz oder Banalität, Wir stellen jedoch bei unseren Vorträgen und Workshops immer wieder fest, dass Kommunikation die Basis einer guten – und damit erfolgreichen Verhandlung darstellt. Denn: Verhandeln bedeutet, miteinander zu kommunizieren, sich verständigen.

Eine Verhandlung ist nur erfolgreich, wenn sowohl Sie als auch Ihr Verhandlungsgegner mit dem Ergebnis zufrieden sind. Aber das gelingt lediglich dann, wenn sich beide Seiten miteinander verständigen können. Ist das unmöglich oder wird die Kommunikation durch irgendetwas beeinträchtigt, kommt entweder ein unbefriedigendes Ergebnis der Verhandlung zustande oder gar kein Abschluss. Deshalb sollten Sie mit einem Hauptziel in eine Verhandlung gehen: klar zu kommunizieren. Das bedeutet, sich verständlich zu machen und verstanden zu werden.

Verständnis ist die Grundlage, bevor es ans „Eingemachte" geht – dem Abschnitt des Gesprächs, in dem es um klare Zahlen und Fakten geht. Das Verstehen, die kommunikative Verständigung und letztendlich auch das Verständnis beginnen bei der gegenseitigen Vorstellung. Bereits in dieser Phase können Sie Ihre Verhandlung auf einen guten Weg bringen, der Ihnen zum Erfolg verhilft.

Schritt eins, den viele auslassen: Stellen Sie sich Ihrem Verhandlungsgegner vor! Sagen Sie, wer Sie sind, dass Sie gut herfanden und fügen Sie eine positive Bemerkung über die bevorstehende Verhandlung an. Der positive Aspekt ist wichtig. Jedoch sind Sinn, Ziel und der Verhandlungsgegner ausschlaggebend dafür, welche Taktik eingeschlagen und wie ein Gespräch begonnen wird. Es kann durchaus sinnvoll sein, die Verhandlung negativ zu beginnen beispielsweise „Die Verkaufszahlen sind unerfreulich. Besonders Ihre Produkte haben einen geringen Umschlag in letzter Zeit." Das Ziel dahinter ist, dem Gesprächsgegner zu einem späteren Zeitpunkt, „die Hand zu reichen", um bessere Konditionen auszuhandeln.

Ein Einstieg könnte verlaufen: „Guten Tag, Herr Krämer. Ich bin Herr Kurt Scheible. Super, dass es geklappt hat mit unserem Termin. Sie haben es sehr schön hier und Sie sind ebenso gut von der Autobahn zu erreichen. Auf dem Weg zu Ihnen habe ich mir nochmals Ihre Pressemitteilungen angesehen. Besonders Ihre Schreibwaren haben eine tolle Erfolgsgeschichte." Durch bewussten Smalltalk wird eventueller Stress abgebaut und Zeit gewonnen. Ferner kann durch Gemeinsamkeiten, die sich durch diesen Smalltalk ergeben, eine Art von „Wir-Gefühl" erzeugt werden. Die anschließende Verhandlung verläuft dann oft auf Augenhöhe.

Zunächst erscheint so ein Einstieg als Kleinigkeit. „Das ist doch selbstverständlich, werden Sie vielleicht sagen. Doch auf diese Weise können Sie für eine positive Gesprächsstimmung sorgen. Sich selbst vorzustellen ist mehr, als nur seinen Namen bekannt zu geben. Es hilft, sich selbst noch einmal ins Gedächtnis zu rufen, warum man zu dem Verhandlungstermin erschienen ist. Gleichzeitig erreichen Sie damit etwas anderes: Indem Sie die oben genannten Fragen „Wer", „Wie" und „Was" beantworten, können Sie neben der Vorstellung „Wer Sie sind" schon die Weichen für die Verhandlung selbst setzen und das aus verschiedenen Gründen:

Das „Wer" macht klar, mit wem es Ihr Gegner zu tun bekommt. Nicht nur für ihn ist das wirkungsvoll, ebenso stecken Sie den Rahmen für sich selbst ab: Wer sind Sie und was wollen Sie erreichen? Sie geben sich anderes, festes „Standing". Durch die Vorstellung Ihrer Person betonen Sie noch einmal alle Attribute, die Ihre Persönlichkeit unterstreichen. Ein „Guten Tag, ich bin Herr Christian Krämer, Sales Manager des Unternehmens Schreibfix GmbH" sagt mehr aus als ein simples „Guten Tag, mein Name ist Krämer."

Das „Wie" („Wie bin ich hergekommen?") kann eine Übung für die kommende Verhandlung sein. Sie können verschieden auf diese Frage antworten. Rein technisch: mit Auto oder Bahn. Oder Sie teilen mit, wie die Reise war: Gut oder schlecht? Es ist außerdem möglich, gleich den Bogen zum eigentlichen Thema zu schlagen, der Verhandlung selbst. Wozu sind Sie hergekommen? Was möchten Sie erreichen?

Das sollten Sie mit einem positiven Erlebnis oder einer positiven Bemerkung verknüpfen. Sie werden sehen, Ihr Verhandlungsgegner wird auf das, was Sie sagen, eingehen und sich nach Ihren Vorgaben richten. Erzählen Sie gleich zu Beginn von Ihrem letzten positiven Geschäftserlebnis. Wenn Sie wissen, dass Ihr Gegenüber Kinder hat und Sie ebenfalls, können Sie sich durchaus nach der Familie erkundigen oder von Ihrem Kind erzählen. Ziel ist dabei, eine positive Stimmung zu erzeugen. Ihr Gegner wird sich wahrscheinlich darauf einstellen und Ihrem Beispiel folgen. Die Folge ist, dass die Atmosphäre der Verhandlung gleich entspannter ist.

Die meisten Menschen reagieren in einem Gespräch auf das, was gesagt wird. Die Betonung liegt auf dem Wort „reagieren". Wenn Sie entsprechend die Initiative ergreifen und gleich zu Beginn der Besprechung Freundlichkeit und Opti-

> **Vom Hören zum Verstanden haben**
>
> hören
>
> ≠
>
> verstehen
>
> ≠
>
> verstanden haben

mismus ausstrahlen, beeinflussen Sie nicht zuletzt die Atmosphäre des Gesprächs – denn der andere, Ihr Verhandlungsgegner, wird *auf Sie* und Ihre Gesprächseröffnung *r*eagieren. Sie bestimmen/führen das Gespräch und Ihr Gesprächspartner akzeptiert Sie schon früh als Leader und er wird Ihnen auch später, in der eigentlichen Verhandlung, eher folgen.

Andersherum gesagt: Wer in die Verhandlung einsteigt, indem er selbst auf eine Nachfrage nur reagiert und anfängt, sich zu erklären, dass die Geschäfte derzeit schlecht laufen, die Auftragslage besser sein könnte oder firmeninterne Prozesse derzeit stocken, der folgt dem anderen und wird die Gespräche ohne Zufriedenheit abschließen. Im schlimmsten Fall erfolgt kein Abschluss. Es gibt Situationen in denen es sich etwas anders verhält. Doch das sind die Ausnahmen der Regel. Wir erläutern das im Kapitel 7.

Doch die Kommunikation, der gegenseitige Dialog, startet mit der Eröffnung der Verhandlung gerade erst. Nach der persönlichen Vorstellung und dem Klarstellen des „Wer" und des „Wie" folgt der eigentliche Kern – das „Was". Als kleinen Tipp regen wir an, neben der Eröffnungsphase diese

Wer?

Wie?

Was?

drei kleinen Worte als Aufhänger im weiteren Gesprächsverlauf zu benutzen.

Besonders das Fragewort „Was" zeigt immer wieder Verbesserungsbedarf an. Erinnern Sie sich an das Beispiel in unserer Einführung: Der Waldarbeiter, der seine Säge nicht schärfte, weil er zu sehr damit beschäftigt war, den Baum zu fällen? Sie alle verstehen Ihr Handwerk wie auch die Teilnehmer unserer Seminare und Trainings. Jedoch wird von Zeit zu Zeit vergessen, die Säge zu schärfen, obwohl Ihnen das gelegentlich bewusst wird. Daher ist es von Bedeutung, dass Sie Ihre Kompetenzen gewissermaßen „von außen" betrachten, um sie richtig einzusetzen. Sie sollen Ihr Anliegen nicht einfach „transportieren". Wichtig ist, *wie* Sie Ihre Anliegen und Gedanken kommunizieren.

Wir haben einige Beispiele für Sie aufbereitet, wie Sie das Gespräch, Ihre Verhandlung in Ihrem Sinne lenken können. Um das wirkungsvoller zu verdeutlichen, kommt die im ersten Kapitel erwähnte fiktive Figur des Verkäufers *Christian* ins Spiel. Christian steht allgemein für die Verhaltensweise von Verkäufern, wenn Ihre Verhandlungsgegner Einkäufer sind.

Wir beginnen mit einem typischen Fall aus dem Berufsleben. Eines der am weitesten verbreiteten Mittel, dem Gegner – bei vielen dem Einkäufer – das eigene Produkt zu präsentieren, ist die Verwendung von PowerPoint. Sehr häufig werden dabei ungefilterte und ungefragte Informationen transportiert. Das führt zu einem negativen Effekt in der Verhandlung.

Das Programm ist bei Christian ebenfalls beliebt, denn es hat viele Vorzüge: Christian kann seinem Verhandlungsgegner sein Produkt in kleinen Schritten vorstellen. Für Christian hat das den Vorteil, dass er die Präsentation gegebenenfalls mittels Beamer an die Wand werfen, Details vergrößern oder kleine Filmfrequenzen als Präsentationselement verwenden kann. Diese Seiten dienen ihm gleichzeitig als Gedächtnisstütze, damit er bei einem angeregten Gespräch keinen Aspekt vergisst.

Was Christian dabei übersieht: Die Möglichkeit, sowohl Produkt als auch Unternehmen übersichtlich und mit vielen Details zu präsentieren, wird häufig durch zu viele irrelevante Details überladen. Er lässt dabei den „Empfänger" der Präsentation außer Acht. Eigentlich wollte Christian die Vorzüge seines Produktes hervorheben. Die Folge ist jedoch, dass buchstäblich zu viele Informationen ungefiltert auf den Einkäufer, Christians Verhandlungsgegner, einprasseln, die dieser nicht erfragt hatte – vielleicht, weil sie für ihn gar nicht von Interesse sind. Die Präsentation führt sehr schnell zu Ermüdung. Das ist verständlich, denn wer möchte sich PowerPoint-Präsentationen ansehen, die aus 60 oder mehr Seiten bestehen? Der Verhandlungsgegner ist davon nicht fasziniert, son-

dern im Gegenteil gelangweilt. Durch diesen erzwungenen Informationsdruck erreicht Christian schnell eine kritische Betrachtung seines Produktes. Kurz gesagt: Christian erzeugt mit seiner umfangreichen Präsentation Fragen, wo vorher keine waren – und die von seiner Seite nicht erwünscht sind.

Abgesehen davon sind solche Präsentationen oft kompliziert oder gar falsch strukturiert. Die Darstellung sollte die Argumente und den Nutzen für Ihre Ware bzw. das Produkt, was Sie verkaufen wollen, langsam vermitteln. So kann jedes Argument einzeln wirken. Statt also Ihren Gegner mit solch umfangreichen Präsentationen förmlich zu erschlagen, sollten Sie ihn, um Ihr Produkt im Gedächtnis des Verhandlungsgegners zu verankern, emotional packen und den klaren Nutzen des Produkts mit eigenen Worten in den Vordergrund stellen. In diesem Zusammenhang möchten wir eine Studie erwähnen, über die in der Frankfurter allgemeinen Zeitung (FAZ) im Juli 2014 berichtet wurde. Unter dem Titel „Der PowerPoint-Irrsinn" erfährt der Leser, dass Forscher zu der Erkenntnis gekommen sind, dass Folien dumm machen. Wer eine Folie sieht, hört nicht mehr zu. „Sie vergessen die Inhalte schneller", warnt der Bildungsforscher Christof Wecker, der weltweit 40 Studien zum Thema PowerPoint ausgewertet hat. Sein Fazit aus eigenen Untersuchungen: Folien ausblenden, wo immer es geht! „Was nicht auf den Folien steht, geht sonst womöglich verloren".[1] Amazon-Chef Jeff Bezos hat generell PowerPoint-Präsentationen in seinem Unternehmen verboten.

Oft erleben wir in der Praxis, dass Informationen geballt und nur in Präsentationen vermittelt werden. Sieben oder

---

[1] http://www.faz.net/aktuell/wirtschaft/forscher-warnen-vor-powerpoint-praesentationen-13041967.html?printPagedArticle=true #pageIndex_2

mehr Verkaufsargumente auf einer Folie sind keine Seltenheit. Das ist zu viel und erdrückt. Es fehlen eine emotionale Story und der Nutzen, den der Verhandlungsgegner davon hat. Zwar werden alle sieben Aspekte, die für die Ware sprechen, auf einmal „abgefeuert" und sicher trifft einer dieser sieben Pfeile auch. Der Haken dabei ist, dass es in Ihrem Interesse steht, mit allen „Pfeilen" zu punkten und diese zu Ihrem Vorteil einzusetzen.

Deshalb lautet unser Rat: Bringen Sie die Vorzüge Ihres Produkts einzeln an. Lassen Sie jedes Argument für sich wirken. Formulieren Sie kurze Sätze. Machen Sie Pausen zwischen den einzelnen Punkten. Oft erleben wir bei Verhandlungen, dass sich Kollegen „verheddern". Beim Vorstellen ihrer Produkte verwenden Sie lange und komplizierte Sätze. Sie sind natürlich bestrebt, sich und das Produkt bestmöglich zu verkaufen. Leider spicken sie ihre Präsentation aus diesem Grund mit Fremdworten und verschachtelten Sätzen, die erklären sollen, aber das Gegenteil bewirken. Doch das verfehlt den gewünschten Effekt. Stattdessen gilt: In der Kürze liegt die Würze!

Sinnvoller als Ihre Verhandlungspartner mit einer informationsüberfluteten Präsentation zu erschlagen, ist es, vor der Vorstellung Ihres Produkts zusammen mit dem Kunden eine Bedarfsanalyse durchzugehen. Dafür können Sie PowerPoint durchaus sinnvoll einsetzen. Stellen Sie ihm Fragen, die Ihr Produkt und seine Wünsche betreffen: Was wollen Sie? Wofür brauchen Sie unser Produkt, was soll es bewirken? Welchen Zweck soll es erfüllen, was ist Ihnen daran wichtig?

Natürlich sollten Sie genau hinhören, was der Kunde Ihnen mitteilt. Manchmal sind auch Informationen von Bedeutung, die zwischen den Zeilen stehen!

Vergessen Sie nach dieser Analyse nicht den Satz: „Wenn wir Ihre Wünsche bezüglich unseres Produktes erfüllen, nehmen Sie es dann?"

Die Antwort auf diese Frage sorgt für Klarheit: Gibt es noch etwas, was nicht angesprochen wurde? Oder können Sie Ihr Produkt nun in der Gewissheit vorstellen, dass es beim Einkäufer ankommen wird?

Nun können Sie die Vorzüge der Ware in den Vordergrund stellen, die im Interesse des Einkäufers und seines Unternehmens sind. Leiten Sie also die Präsentation mit einer Formulierung ein wie: „Okay, dann zeige ich Ihnen jetzt unser Sortiment und Sie werden sehen, dass es sich besonders auszeichnet durch (was der Kunde genannt hat einsetzen) und außerdem (USP unseres Angebots)!"

Der Vorteil für Sie: Sie können so Ihre Sprechzeit optimal und fokussiert nutzen – und der Kunde fühlt sich verstanden. Sie können genau auf seine Bedürfnisse eingehen.

Eine weitere Falle, in die viele schnell tappen, stellt der Redeanteil in Verhandlungen dar. Eine gute Faustregel besagt, dass man den eigenen Redeanteil reduzieren, aber den des Verhandlungsgegners erhöhen sollte. Der ideale Anteil an der Redezeit des Gesprächsführenden sollte um die 20 bis 30 Prozent betragen.

Der Gedanke dahinter ist: „Lass den anderen reden!" Redet der Verhandlungsgegner im größeren Umfang, so verrät er damit mehr, als er glaubt. Vielleicht ermöglicht er dadurch Einblicke in die eigenen Bedürfnisse, seine Schwachpunkte oder das, was er zu erreichen sucht.

Wie so oft hat die Medaille eine Kehrseite. Dadurch, dass der Verhandlungsgegner den größeren Redeumfang hat, ermüdet man selbst durch das aufmerksame Zuhören. Ferner werden Fakten als Verkaufsargument benannt, die oft im Voraus bekannt sind: Verkaufsbedingungen, Firmenanteile oder Unternehmensstrukturen. Hat ein Einkäufer den Gesprächstermin optimal vorbereitet, dann werden diese rein technischen Fakten und Sachverhalte, die von der Gegenseite vorgebracht werden, wenig Neues bringen. Die wirklich wichtigen und entscheidenden Informationen sind im Vortrag des Verhandlungsgegners eher versteckt als offensichtlich. Sie sollten also genau hinhören. So haben Sie einen Informationsgewinn und sind damit im Vorteil. Es ist daher von Bedeutung, genau zuzuhören, das Gesagte zu filtern und in Hinblick auf sein eigenes Ziel zu reflektieren. Von Bedeutung ist, was man selbst aus dem Gesagten für sich mitnehmen kann und weniger, dem anderen nur ein „gutes Gefühl" zu geben, indem Sie ihm einen Großteil der Redezeit überlassen.

Was für die PowerPoint-Präsentation gilt, gilt genauso für das Reden: Überfordern Sie Ihren Gesprächspartner nicht durch Informationsflut. Bauen Sie bei Ihrer eigenen „Redezeit" Pausen ein. Sie geben damit dem Verhandlungsgegner die Gelegenheit, über das von Ihnen Gesagte nachzudenken. Ihr Gegenüber kann so Ihre Informationen reflektieren.

Aufmerksamkeit dem anderen gegenüber ist von enormer Wichtigkeit für Ihren Erfolg bei der Verhandlung. Damit ist nicht nur die Aufmerksamkeit gemeint, die Ihnen zuteilwird. Ebenso sollten Sie dem anderen Ihre Aufmerksamkeit schenken. Die Schlüsselworte für einen erfolgreichen Einstieg in eine Verhandlungsgespräch lauten: Klarheit, Aufmerksamkeit und der bereits in unserer Einführung angesprochene Respekt dem anderen gegenüber.

An dieser Stelle möchten wir Sie zu einer kleinen Übung auffordern. Sie ist Bestandteil unserer Seminare und Workshops. Damit soll das Zuhören und Reflektieren trainiert werden.

Nehmen Sie sich einen Partner Ihres Vertrauens. Das muss kein Berufskollege sein, es kann genauso gut Ihr bester Freund, Ihre Joggingpartnerin oder auch eines Ihrer Kinder sein. Es geht um Diskussion. Suchen Sie sich ein Thema

Kommunikation ist alles – ich habe verstanden

aus – egal welches. Am besten eines, das Ihnen nicht allzu sehr am Herzen liegt. Das würde die Übung erschweren, weil es dabei nicht um die Verteidigung eines Standpunktes, sondern um das Begreifen der Argumente des anderen geht. Zu starke Emotionen oder gar persönliche Betroffenheit sind hier hinderlich.

Wenn Sie sich ein Thema ausgesucht haben, nehmen Sie und Ihr Diskussionspartner Ihre Rollen ein: A verteidigt das Thema, B widerspricht ihm. Von Vorteil für diese Übung ist, wenn Sie eine dritte Person C dazu ziehen können. Diese hat eine neutrale Rolle, sie beobachtet und greift gegebenenfalls schlichtend ein.

Es beginnt damit, dass A ein positives Argument (nur eines!) das Thema betreffend formuliert. B muss nun mit seinen Worten das Argument von A wiederholen. Erst, wenn A mit dem, was B wiedergegeben hat, einverstanden ist, darf B ein Gegenargument bringen, das A wiederholt und wiedergibt. Diese „Diskussion" dauert genau sechs Minuten.

Die neutrale Person kann nach diesen sechs Minuten das Verhalten der beiden Diskussionspartner reflektieren und Feedback geben: Wie lief es mit der Kommunikation der beiden, mit dem Verständnis? Dafür bleiben dann zwei Minuten. Die Zeiten dienen dazu, dass die Diskussion und die anschließende Reflexion nicht ausufern und sich alle Beteiligten konzentrieren.

Wichtig bei dieser Übung ist das Hinhören. Sowohl A als auch B müssen erst einmal den Standpunkt des anderen verstanden und wortgetreu wiedergegeben und vom Gegenüber die Bestätigung erhalten haben, bevor sie selbst ihre Argumente einbringen dürfen. Das bedeutet eine erhöhte Konzentration auf das Gehörte und Gesagte, denn nur dann darf man die eigenen Standpunkte erläutern und dafür werben.

Diese Übung fördert mehr als nur das Zuhören. Zuhören hat immer eine passive Komponente. Werden Sie aktiv, in dem Sie Ihrem Gegenüber mitteilen, dass Sie an der Klärung von Standpunkten und von Sachverhalten interessiert sind. Als wir die Vorstellung zu Beginn des Kapitels erörtert haben, sind wir unter dem Punkt „Wie?" bereits darauf eingegangen – Kommunikation oder Verständigung kann nur im Fluss bleiben, wenn beide Seiten sich verstehen. Dazu kann eine Klärung beitragen oder eine entsprechende Nachfrage. Hören Sie also genau hin, was der Gegner zu Ihnen sagt!

Erinnern Sie sich an das Beispiel zu Beginn dieses Kapitels? Die Frage, wie Sie zu der Verhandlung kamen? Wenn wir in unseren Seminaren den Teilnehmern diesen Sachverhalt näherbringen, halten wir die Fragestellung bewusst unscharf. „Wie kamen Sie her?" Oft kommt dann von den Teilnehmern die Nachfrage mit der Bitte um Klärung: Was ist mit dieser Frage gemeint? Diese Formulierung lässt verschiedene Auslegungen zu. Zum einen kann es die Erkundigung nach dem Verkehrsmittel sein, das zur Anreise benutzt wurde. Zum anderen impliziert es ebenfalls die Erwartungen an das anstehende Gespräch, die Verhandlung.

Wenn wir in unseren Workshops die Teilnehmer ermutigen, in ihren Verhandlungen intensiver nachzufragen bzw. mehr auf Ihren Verhandlungsgegner – den Einkäufer – einzugehen, hören wir häufig den Einwand: „Signalisiere ich dem Einkäufer damit nicht schon, dass ich auf seine Wünsche eingehe?" Das Wiederholen eines geschilderten Sachverhalts bedeutet für viele bereits ein Einlenken oder gar schon Zustimmung. Das Einlenken wird so verstanden, dass die Diskussion, das Verhandeln um Bedingungen und das Verbessern von Konditionen beendet ist. Der Glaube, dass durch das „Eingehen auf den Anderen" im Kommunikationsverlauf keine Verbesserungen mehr möglich sind, hat sich in den Köpfen vieler festgesetzt.

Kommunikation ist alles – ich habe verstanden

Behalten Sie bitte im Hinterkopf: Sie können Ihre Säge nur schärfen, wenn Sie einen Schritt zurückgehen und sich selbst eine neue Perspektive ermöglichen. Wir vertreten den Standpunkt, dass ein Signalisieren von Verständnis, ein Eingehen auf den Gegner und seine Wünsche, keinesfalls ein Einlenken oder ein Nachgeben bedeuten. Das Gegenteil ist der Fall! Mit der Wiederholung, der Reflexion und dem Aufgreifen von Informationen geben Sie zu erkennen, dass Sie Ihrem Verhandlungsgegner aufmerksam zugehört haben. Sie treten damit aus der passiven Rolle des reinen Zuhörens heraus. Ein professioneller Verhandler überlässt seinem Gegner die meiste Redezeit! Es mag der Eindruck entstehen, dass Sie durch diese passive Verhaltensweise in einer „schwächeren" Position wären. Doch das ist nicht der Fall, wenn Sie deutlich zeigen, dass Sie zugehört haben und Ihr Gegenüber verstehen.

Besonders klar wird dieser Sachverhalt, wenn Sie sich folgende logische Kette vor Augen halten.

Der erste Punkt ist das „*Hören*". Sie hören in eigenem Interesse Ihrem Verhandlungspartner zu. Teilen Sie ihm das hin und wieder mit! Wenn Sie sichergehen wollen, formulieren Sie diese Wiederholung ruhig als eine Frage: „Sie ändern gerade Ihre Haltung. Was genau habe ich gesagt, dass Sie aufmerken lässt? Lassen Sie uns kurz diesen Punkt klären?" Der Gegner hat hier die Gelegenheit (wie in der Übungsdiskussion), zuzustimmen, aber auch Einwände zu erheben oder falsch Verstandenes zu korrigieren. Das hilft auch Ihnen, anders auf ihn einzugehen oder Ihre Strategien und Taktiken rechtzeitig anderen Umständen anzupassen!

Der nächste Punkt ist das „*Verstehen*". Zeigen Sie Ihrem Gesprächsgegner, dass Sie verstanden haben, worum es ihm geht. Sie haben ihm zugehört und begriffen, was er möchte: „Ich verstehe, dass das für Sie ein wichtiger Punkt ist." Der Verhandlungsgegner kann noch einmal nachkorrigieren –

oder bestätigen, dass Sie ihn wirklich verstanden haben. In letzterem Fall wird sich das für Sie positiv auswirken. Es ist in einer Verhandlung immens wichtig, dem Gegner ein positives Gefühl zu geben.

Ein weiterer Schritt in dieser Kette ist das *„Verstanden haben"*. Schlussfolgern Sie. Signalisieren Sie Gemeinsamkeit und Ihren Wunsch, partnerschaftlich an einer Lösung und einem zufriedenstellenden Ergebnis zu arbeiten: „Über diesen Punkt müssen wir also noch einmal sprechen!"

Erst zuletzt kommt das eigentliche *„Einverstanden sein"*. Erst jetzt sagen Sie: „Mit diesen Punkten bin ich einverstanden." Benennen Sie diese Punkte! Das schließt andere Fakten zunächst aus, bei denen eventuell noch Verhandlungsbedarf besteht. Der Vorteil liegt darin: Es herrscht Einigung darüber, wo es eine solche gibt. Auf der anderen Seite zeigt es die Punkte klar auf, die noch der Klärung bedürfen. Das Plus dieses Weges besteht darin, dass Sie das Gefühl haben werden, die Verhandlung geht weiter und stagniert nicht.

Natürlich ist es ebenso möglich, dass Sie beziehungsweise Ihr Verhandlungsgegner an dieser Stelle des Gesprächs feststellen, dass Sie nicht übereinstimmen. Fassen Sie die Punkte zusammen: „Okay, ich höre, Ihnen sind besonders die Konditionen wichtig. Ich habe verstanden, dass Sie dadurch Ihr Ziel, die Ware günstiger anbieten zu können, erreichen. Doch ich kann Ihrem Wunsch so nicht entsprechen, weil ..." Doch das ist zunächst einmal Nebensache, wichtig ist, dass Sie im Kopf behalten, dass es Unterschiede zwischen „Hören" und „Einverstanden sein" gibt. Hören ist ungleich Verstehen, Verstehen ist etwas anderes als Verstanden haben. Verstanden haben ist nicht das Gleiche wie Einverständnis.

Mit diesen Signalen erreichen Sie noch etwas mehr: Sie halten die Verhandlung offen. Die gravierendsten Fehler während einer Verhandlung und besonders am Anfang einer

Verhandlung, sind unbedingte Worte wie „Ja!", „Nein!" oder „Niemals!" und *„Auf keinen Fall!"*.

Selbst wenn Sie mit den Wünschen, den Vorgaben oder Forderungen des Einkäufers absolut nicht einverstanden sind, hilft eine Formulierung wie „Ich höre, für Sie muss da noch etwas kommen!" weiter. Sie verdeutlicht, dass Sie den nüchternen Sachverhalt verstanden haben und verhindert eine Verhärtung der Positionen.

So lenken Sie das Gespräch wieder auf eine „versöhnliche" Ebene. Die Atmosphäre der Verhandlung, die sich zu verhärten drohte, kann nun wieder flexibler werden. Vielleicht lenkt Ihr Gegner ebenfalls ein, wenn er sich so in seinem Wunsch bestätigt sieht. Möglicherweise kommt er Ihnen sogar etwas entgegen.

Überhaupt ist es in einer Verhandlung überaus hilfreich, immer wieder eine positive Atmosphäre zu schaffen und negative zu vermeiden. Eine nüchterne Klärung ist stets hilfreich.

Obwohl „Christian", der Verkäufer, viele Tipps und Hinweise anwendet, wundert er sich immer wieder, dass Einkäufer die Fachbegriffe für seine präsentierten Waren häufig falsch verwenden.

Wenn Ihnen in einer Verhandlung so etwas geschieht, haben Sie zwei Möglichkeiten, um Missverständnisse auszuschließen.

Sie könnten Ihren Gegner jedes Mal verbessern. Wenn also der Einkäufer sagt: „Sie wollen mir ja diesen Faserstift verkaufen ..." können Sie jedes Mal, wenn er den Begriff „Faserstift" verwendet, antworten: „... Sie meinen den Filzer!"

Diese Art und Weise unterbricht zum einen das Gespräch immer wieder aufs Neue. Der Fluss der Verhandlung wird gestört. Die Gefahr besteht, dass Sie sich nicht mehr auf das Wesentliche konzentrieren. Sie verlieren Ihr Ziel aus den Augen. Zudem wirkt es auf den Gegner unfreundlich und negativ. Ihr Verhandlungsgegner fühlt sich verbessert oder schlimmer noch, bevormundet. Meiden Sie solche Formulierungen und auch solche Herabsetzungen. Es könnte die Verhandlung zu Ihren eigenen Ungunsten beeinflussen!

Es gibt eine bessere und effektivere Vorgehensweise. Sie könnten auf den anderen eingehen, ohne ihn zu verbessern: „Das ist also für Sie ein Faserstift, sehe ich das richtig?" So hat der andere seinerseits die Gelegenheit, sich selbst zu reflektieren. Er kann Ihnen darauf Feedback geben. Selbst wenn er abwinkt und den Mangel an Bereitschaft signalisiert, sich den Fachbegriff für den Stift anzueignen, ist Ihnen geholfen. Nehmen Sie stattdessen für den Verlauf der Verhandlung seine Wortwahl an, ohne sich selbst etwas zu vergeben. Bauen Sie die Wortwahl des Einkäufers in die eigene Präsentation und in Ihr Angebot ein! Entscheidend ist, dass Sie sich Gesprächsnotizen anfertigen und entsprechende Schlüsselworte inklusive Ihrer „Übersetzung" notieren.

Es gestaltet die Atmosphäre des Gesprächs und die Kommunikation insgesamt flüssiger. Passen Sie sich der Redeweise Ihres Verhandlungsgegners flexibel an. Das erleichtert die Kommunikation und Sie erreichen Ihre Ziele wesentlich einfacher.

Zum Zuhören gehört auch, dass Sie die Punkte des Gegenübers aufgreifen, ohne ihnen von vornherein zuzustimmen oder sie abzulehnen. Fragt der Einkäufer beispielsweise direkt nach 20 Prozent Rabatt, müssen Sie natürlich nicht sofort zustimmen. Allerdings wäre eine klare und direkte Absage natürlich der guten Verhandlungsstimmung ebenso abträglich. Sie können durch Ihre Sprache signalisieren, dass

Vom Hören zum Einverständnis

hören

≠

verstehen

≠

verstanden haben

≠

einverstanden sein

Sie „verstanden haben": „Sie wünschen also, dass wir noch etwas machen."

Sie werden sehen, Sie eröffnen sich durch diese oder eine ähnliche Formulierung neue Möglichkeiten. Wo können Sie noch Abstriche machen und dem Kunden, dem Einkäufer entgegenkommen? Es gilt auch hier: indem Sie ihm zu verstehen geben, dass Sie begriffen haben, worauf es ihm ankommt und dies laut aussprechen, tragen Sie zu seiner Zufriedenheit bei – und damit im besten Falle sogar zu Ihrem guten Ergebnis.

Zum Schluss fassen wir die wichtigsten Punkte zum Thema „Kommunikation" noch einmal zusammen.

- Nehmen Sie die Initiative in die Hand. Tun Sie das positiv und benutzen Sie folgende Fragen als Gedächtnisstütze für sich: Wer bin ich? Wie kam ich her? Was will ich?
- Präsentieren Sie Ihr Produkt knapp, aber effizient.
- Redeanteil: Reden Sie wenig und überlassen Sie den Hauptredeanteil dem Anderen!
- Lassen Sie Ihre Argumente einzeln wirken!
- Machen Sie Pausen in Ihren Vorträgen und verwenden Sie kurze Sätze, um Ihren Gegner zu überzeugen.
- Hören Sie aktiv zu! Treten Sie aus dem passiven Zuhören hinaus, damit Ihr Gegner sich verstanden fühlt.
- Wiederholen und reflektieren Sie das Gesagte. Bedenken Sie: Das bedeutet noch kein Einverständnis!
- Passen Sie sich der Wortwahl des Gegners an.

KAPITEL 3

Einstieg in Verhandlungstaktiken – Vorbereitung ist die halbe Miete

Im Prinzip geht man selten unvorbereitet in eine Verhandlung.
 In dieser Formulierung stecken Einschränkungen. Zum einen gibt es noch immer Beispiele, die das Gegenteil bestätigen. Eine weitere Einschränkung besteht darin, dass die Qualität der Vorbereitung sehr unterschiedlich ist. Immerhin geht es bei Geschäftsgesprächen immer darum, sich so optimal wie möglich darzustellen. Das Ziel ist, für sich und sein Team und das zu vertretende Unternehmen den größten Vorteil zu erwirtschaften. Und wie könnte das besser erreicht werden als damit, sich so umfassend und genau wie möglich über seinen Verhandlungsgegner zu informieren? Schließlich geht es darum, sich, die Produkte und damit ebenso die Firma vorteilhafter zu positionieren als etwaige Mitbewerber es tun. Aber auch der Verhandlungsgegner muss davon überzeugt werden. Er soll das Gefühl haben: Sie sind der beste Geschäftspartner, den er sich wünschen kann!
 Dieser Voraussetzung für eine Verhandlung stimmt wohl

jeder im Geschäftsleben zu. Tatsächlich handelt auch heutzutage jeder, den wir auf Seminaren oder Workshops treffen, nach dieser Vorstellung.

Und doch gibt es gravierende Unterschiede. Denn das Geschäftsklima hat sich in den vergangenen Jahrzehnten geändert. Entsprechend wandelte sich die Art und Weise der Vorbereitung auf Geschäftsgespräche. Die Preise rückten in den Vordergrund und damit wurden die Zahlen wichtiger als der Mensch.

Vor 20 Jahren hat man sich häufig „aus dem Bauch heraus" auf das bevorstehende Gespräch eingestellt. Besonders für die Einkäufer spielte das Gefühl für die Verhandlung, das Gespür für den Gegner, eine große Rolle. Dabei war die Zielsetzung gleich: Man wollte – wie heute auch – das Bestmögliche im Geschäftstermin erreichen. Die Handelnden verließen sich weniger auf Zahlen und Fakten, die sie über den Gegner in Erfahrung bringen konnten, als vielmehr darauf, wie sie selbst in einem persönlichen Gespräch „rüberkamen". Wichtig war der Eindruck. Das Gefühl musste stimmen.

Heute ist das anders. Das Geschäftsklima hat sich entscheidend geändert. Die Einkäufer verlassen sich zunehmend auf Zahlen, auf konkrete Fakten, Marktentwicklungen, Börsenberichte, Jahresbilanzen oder auch Preise. Sie vertrauen auf das, was die Geschäfts- und Branchenberichte aussagen, und nicht mehr aufs Gefühl. Die Person, die dem Einkäufer gegenübersitzt, ist ihm egal geworden. Sie verschwindet hinter Bilanzen, Fakten und deutlich benannten Preisen. Diese zu kennen ist in der Regel für einen Einkäufer ausreichend.

Von Verkäuferseite hören wir oft: „Diesen Eindruck können wir nicht bestätigen. Wir haben immer noch das Gefühl, die Verhandlungen von Einkäuferseite würden intuitiv und nicht zahlenorientiert geführt!" Dieser Eindruck mag sogar stimmen. Viele Verhandlungen werden weiterhin von

Einstieg in Verhandlungstaktiken

Einkäuferseite aus intuitiv geführt, wenn auch diese intuitive Art zu verhandeln, mit Sachargumenten „getarnt" wird. Das trifft häufig bei der älteren Generation zu. Deshalb lassen viele Einkäufer in Geschäftsverhandlungen die vom Gegner sorgfältig recherchierten Zahlen und Fakten scheinbar an sich abprallen – sie reagieren intuitiv auf die rein sachlichen Argumente des Lieferanten. Sie zeigen sich unbeeindruckt von den Summen und Kalkulationen der Verkäufer. Doch wie Sie gleich sehen werden, hat dieses Verhalten einen anderen Grund, als unsere Seminarteilnehmer oder Kunden zunächst vermuten.

Neben den mehr an Zahlen ausgerichteten Gesprächen ist auch die Konkurrenz größer als früher und es wird zunehmend notwendig, sich von etwaigen Wettbewerbern konkret und deutlich abzugrenzen. Zahlen sind da das Mittel der Wahl. Persönlichkeit ist bei Verhandlungen um Abnahmekontingente und Preiskonditionen immer weniger oder gar nicht mehr gefragt. Entsprechend werden Verhandlungen vorbereitet. Der Verkäufer reagiert auf das, was von ihm – scheinbar – verlangt wird.

Auch Christian, der Verkäufer, bereitet sich zeitgemäß und gewissenhaft vor. Durch den Austausch mit Vertriebskollegen hat er Tipps bekommen, was Vertriebler bei Gesprächen mit einem Einkäufer präsentieren müssen. Auf Zahlen werden Antwortzahlen argumentiert, auf Konditionen Statistiken, die den Vorteil derselben untermauern. Schließlich möchte Christian auf Zahlen des Einkäufers die passende Antwort parat haben. Selbstverständlich hat er seine Zahlen, Statistiken und Diagramme auch in gedruckter Form vorbereitet. Nichts soll dem Zufall überlassen werden.

Trotz dieser eindeutigen Tendenzen im Verkauf gib es noch immer Ausnahmen, die nicht so arbeiten. Besonders ältere Einkäufer benutzen aus Gewohnheit nur wenig Zahlenmaterial. Das kann verschiedene Gründe haben. Manchmal sind sie es über die Jahre gewohnt, ihre Verhandlungsgespräche auf diese Weise zu führen. Sie hatten Erfolg damit, und dieser soll fortgesetzt werden. Warum etwas ändern, das sich über die Jahre hinweg bewährt hat? Diese Einkäufer bedienen sich in der Regel eher emotionaler Taktiken im Gespräch. Sie gehen intuitiv vor und es ist schwer, ihnen auf einer sachlich-faktischen Ebene zu begegnen.

Doch im Großen und Ganzen ist es heutzutage so, dass Verhandlungen reine Preis-Leistungs-Gespräche sind. Das mag man gutheißen oder verdammen – es ist gängige Praxis geworden. Verhandlungen sind eine Sache von Zahlenspielen! Dieses Verhandlungsschema macht allerdings sowohl eine differenzierte Vorbereitungsform als auch andere Taktiken im Gespräch notwendig. Je mehr Zahlen ein Gesprächspartner beibringt, desto eher werden sich die Taktiken und die Verhandlung selbst auf reine Zahlenspiele und Saldenlisten beschränken – leider. Denn für Sie als Verkäufer ist es schade. Warum?

Der Grund dafür liegt auf der Hand: Es ist überaus schwierig, auf diese Zahlenorientiertheit anders als mit Zahlen zu argumentieren und Argumente zu entkräften. Preise und Konditionen sind schwierig zu verhandeln. Besonders problematisch wird es bei Zahlen, die als das Minimum des Erreichbaren definiert sind. Dem ist selten etwas entgegenzusetzen. Es ist einfacher, wenn man sich nur auf die emotionalen Fallstricke einer Verhandlung konzentrieren muss. Diese sind mit ein wenig Übung relativ leicht zu erkennen, zu umgehen oder gar aufzulösen. Zahlen sind dagegen absolut. Außerdem ist die Vorbereitung durch den Glauben an die Macht der Zahlen heute nur bedingt auf den eigenen Zweck pointiert. Der Fokus ist breiter geworden und geht über das Gespräch, den Verhandlungstermin, hinaus. Die Vorbereitung ist im Fluss. Das ist ebenso zahlenbedingt. Denn durch aktuelle Börsenberichte und Nachrichten, die je nach Branche teilweise im Minutentakt erfolgen, kann die vorbereitete Information schon eine Stunde später veraltet sein. Unter Umständen geschieht dies sogar in der laufenden Verhandlung. Das macht es schwierig, entsprechend gut zu reagieren. Um immer wieder neu ansetzen zu können, muss man sich selbst auf dem Laufenden halten. Damit ist es schwierig, sich auf eine Taktik festzulegen oder eine einzelne stringent zu verfolgen.

Ein weiterer Vorteil des Einkäufers gegenüber dem Verkäufer wird hier sichtbar. Der Einkäufer steht im ständigen Fluss von Informationen. Was bedeutet das? Jedem Verkäufer ist in einem Verkaufsgespräch bewusst, dass es mehr als einen Lieferanten gibt. Sie alle legen sowohl ihre Preislisten als auch die möglichen Konditionen offen. Diese zahlreichen Informationen stehen dem Einkäufer also ohne umfangreichen Rechercheaufwand zur Verfügung. Er bekommt sie buchstäblich auf einem Silbertablett serviert. Eine luxuriöse Position! Dieser Wissensvorsprung fehlt dem Verhandlungsgegner meistens. Der Einkäufer kann also die Daten, die ihm die verschiedenen Lieferanten frei Haus zur Verfügung stellen, gegen den nächsten Verkäufer benutzen – ohne dass dieser notwendigerweise die Möglichkeit hat, sich seinerseits über die Geschäftsbedingungen und Preiskonditionen des Mitbewerbers zu informieren.

Folgendes Beispiel illustriert das: Ein Einkäufer aus dem Schreibwarenbereich hat rund 100 unterschiedliche Lieferanten, die ihm ihre Produkte anbieten. Mit jedem Lieferanten und mit jedem Produkt, das dieser dem Einkäufer anbietet, fließen Informationen. Er kann also auswählen. Mit den Auskünften, die er auf diese Weise erhält, kann er bequem arbeiten. Man kann schon beinahe davon sprechen, dass die Informationen für ihn arbeiten. Der Einkäufer ist vor diesem Hintergrund gesehen stets up to date. Die Vorbereitung einer Verhandlung fällt ihm leicht.

Außer diesem Punkt kommt ein weiterer Aspekt in der Vorbereitungsphase einer Verhandlung dem Einkäufer zugute. Diesen Faktor sollten Sie sich ebenso bereits vor dem eigentlichen Verkaufsgespräch klarmachen: Was ist die Verhandlungsaufgabe des Einkäufers?

Wenn wir diese Frage in unseren Seminaren stellen, erhalten wir viele Antworten. Die meisten von ihnen sind zutreffend. Da ist zum einen die Sicherung der Warenverfügbarkeit. Das Unternehmen des Einkäufers soll und muss jederzeit über die Ware verfügen, um die verhandelt wird, sei es aus verkaufstechnischen Gründen oder aus Gründen des Arbeitsflusses. Was wäre ein Schreibwarenhandel ohne eine ansehnliche Auswahl von Radiergummis im Sortiment, ein Autobauer ohne ausreichendes Material wie Bremsbeläge oder im Dienstleistungsbereich eine Bank ohne Software für die Kontoführung? Es entstünde eine Lücke, die zum Nachteil im Wettbewerb führte. Oft wird Verbesserung der Lieferkonditionen genannt. Auch das ist richtig. Natürlich will der Einkäufer die Ware zum günstigsten Preis, zu den günstigsten Konditionen erwerben. Zudem fallen die ebenso häufig genannten Gründe „Erhandeln bester Preise oder bester Produkte" unter diesen Gesichtspunkt. Solche Bedingungen sind zweifellos attraktive und wichtige Verhandlungsargumente für einen Einkäufer. All das stimmt und hat seine Richtigkeit. Doch all diese Punkte sind nur die Folge der eigentlichen Aufgabe des Einkäufers: Er soll für seine Firma bessere Konditionen sichern, als der Wettbewerb sie hat. Seine primäre Aufgabe ist also die, seinem Unternehmen eine „Pole-Position" im Wettbewerb mit anderen Unternehmen der Branche zu verschaffen. Diese Mission des Einkäufers wird geprägt und beeinflusst durch die Entwicklung von einer intuitiven Verhandlungsführung hin zu einer zahlen- und eigengewinnorientierten Vorgehensweise!

Um es noch einmal zu verdeutlichen, ziehen wir hier den

Einstieg in Verhandlungstaktiken

Vergleich zwischen „heute" und „früher" im Einkauf. Die Einkäufer haben sich *vor* dieser allgemeinen Umorientierung zur zahlenorientierten Verhandlungsstrategie auf einen der folgenden Aspekte konzentriert: Entweder wurden beste Produkte verhandelt, beste Preise oder beste Warenverfügbarkeit – je nachdem, welchen Fokus das Unternehmen definierte, für das der Einkäufer verhandelte.

Die Preise sind von allen Faktoren am besten und am greifbarsten zu verhandeln. Sie beeinflussen alle nachstehenden Punkte. So kann die Qualität eines Produktes aufgrund eines billigeren Preises im Interesse des Einkäufers nach hinten rücken. Das ist bedauerlich. Denn dadurch geraten bei Verhandlungen die anscheinend schwer durch Zahlen festzulegenden Argumente in den Hintergrund, obwohl sie gleichfalls wichtig sind! Sie haben sehr wohl großen Einfluss auf die Preise. Was nützt der beste Preis, wenn die georderte Ware zu einem vereinbarten Termin ausbleibt? Deshalb sollten die Vorbereitungen zu einem Verkaufsgespräch neben den Preisen ebenso andere Verhandlungspunkte berücksichtigen. Nicht nur Preise und Konditionen sind wichtig, auch Liefertermine, Abnahmekontingente, genauso wie die Qualität oder die Nachhaltigkeit und Langlebigkeit der Produkte. Diese können für ein Unternehmen von enormer Bedeutung sein, wenn es dadurch als Wettbewerber besser wird, denn diese Aspekte verschaffen einen klaren Wettbewerbsvorteil. Das Unternehmen kann durch diese Aspekte sogar zum Vorreiter in der Branche werden. Eine hohe Zuverlässigkeit senkt die Reklamationsrate und steigert die Kundenzufriedenheit mit dem Effekt einer Kundenbindung aufgrund dieses Merkmals. Sich während der Verhandlung diese angesprochenen Faktoren ständig zu vergegenwärtigen und diese Standpunkte ebenso glaubwürdig wie beharrlich zu vertreten, wird sich schließlich *zum Vorteil* für einen Verkäufer auswirken!

Von besonderer Wichtigkeit ist, dass Ihre Vorbereitungen Ihnen helfen, sich auf Augenhöhe mit dem Verhandlungsgegner zu bewegen. Je umfassender Sie sich organisieren, desto sicherer treten Sie im Gespräch auf. Eine gewissenhafte Aufarbeitung der zur Verfügung stehenden Zahlen ist die Grundvoraussetzung. Diese sind am schnellsten zu vergleichen und verdeutlichen am ehesten den Leistungsstand. Messen Sie jedoch auch den anderen Aspekten die entsprechende Bedeutung zu – es muss über die Qualität der angebotenen Produkte geredet werden, über die Dienstleistung, die möglicherweise darin enthalten ist oder auch über die Konditionen, zu denen geliefert werden kann.

Letztendlich gibt es ein gutes und konkretes Argument, warum über all diese Punkte gesprochen werden sollte: alle Argumente haben Einfluss auf den Preis. Dennoch haben wir für Sie an dieser Stelle einen bedeutsamen Hinweis. Für den Einkäufer sind diese Punkte oft gleich. Es gilt: Preis = Kondition. Es liegt demnach an Ihnen, dem Einkäufer andere Perspektiven aufzuzeigen. Verdeutlichen Sie ihm, dass Preis und Kondition durchaus etwas anderes sein können – beziehungsweise, dass es bei genauer Betrachtung noch Zwischenstufen gibt, die sehr wohl das eine oder andere massiv beeinflussen können.

Ihre Kenntnis aller Punkte und Argumente trägt dazu bei, den Preis, also die nackten Zahlen, im richtigen Licht darzustellen. Damit können Sie Ihr Produkt in der Verhandlung zutreffend in den Kontext Ihres Verhandlungsgegners einordnen. In diesem Moment geschieht noch etwas anderes: Sie werden zu einem Partner, mit dem man gern arbeitet. Sie sorgen mit einer gewissenhaften Vorbereitung dafür, dass Sie sich auf Augenhöhe mit dem Einkäufer befinden. Im Umkehrschluss wird das zum Vorteil für Ihr Produkt.

Behalten Sie jedoch im Hinterkopf, dass Sie – der Verkäufer – es sind, der den Einkäufer auf diese Dinge anspre-

Einstieg in Verhandlungstaktiken

chen muss. In einer Verkaufsverhandlung liegen die Vorteile meist beim Einkäufer. Die Gründe nannten wir Ihnen oben bereits. Somit ist es nicht die Aufgabe des Einkäufers, diese Punkte anzusprechen oder zu beachten. Es liegt einzig und allein an Ihnen, solche weniger von Zahlen getriebenen Argumente ins Gespräch einzubringen. Unterlassen oder vergessen Sie es, wird der Einkäufer erst recht nicht in diese Richtung aktiv!

Ein letzter Punkt gehört noch zur Vorbereitung eines erfolgreichen Verkaufsgesprächs: Machen Sie sich klar, dass für einen Einkäufer die Verhandlung nie beendet ist. Selbst wenn Sie nach einem Verhandlungstermin schon längst aus der Tür sind, wird der Einkäufer immer weiter verhandeln, sobald er neue Fakten bekommt oder von neuen Konditionen erfährt. Tut er es nicht, gefährdet er seine im Gespräch erreichten Vorteile.

Wichtig ist bei der derzeitig starken Fokussierung der Einkäufer auf Preise und Konditionen, zu üben, wie Sie Ihre Taktiken so anpassen können, dass Sie dem Einkäufer ebenbürtig begegnen. Diese Augenhöhe ist wichtig, um die Fixierung des Verhandlungsgegners auf die nackten Zahlen aufzubrechen. Es gilt, sich selbst zu konditionieren, sich zu sensibilisieren, Lücken zu finden, um andere Lösungen anzubieten und Kreativität zu ermöglichen.

Beachten Sie entsprechend bei der Vorbereitung Ihrer Verhandlungen folgende Punkte:
- Bereiten Sie sich umfassend auf die Verhandlung vor. Auch wenn Verkaufsgespräche zunehmend zahlenorientiert sind, sie können (und werden) auch oft auf anderer, emotionaler Ebene geführt. Sie sollten immer, egal, was passiert, die passende Antwort, die zielführende Taktik parat haben. Das nächste Kapitel mit

den 20 gängigsten Verhandlungstaktiken hilft Ihnen dabei.

- Sorgen Sie für die Aktualität Ihrer Informationen. Vorbereitungen sind durch die Aktualität der Medien heutzutage schnell veraltet, manchmal schneller, als die Verhandlung dauert! Beziehen Sie das in Ihre Vorbereitung, in Ihre Taktiken und Überlegungen mit ein.
- Seien Sie sich über die eigentliche Aufgabe des Einkäufers, Ihres Verhandlungsgegners im Klaren! Das ist die Verbesserung von Konditionen im Wettbewerb – in seinem Wettbewerb bzw. dem seines Unternehmens, wohlgemerkt! Zeigen Sie ihm daher den Vorteil, den eine Zusammenarbeit mit Ihnen für ihn bzw. sein Unternehmen bedeutet.
- Sie als Verkäufer sind derjenige, der andere Aspekte als Bilanzen, reine Zahlen und Preise ansprechen und ins Gespräch bringen muss. In einem Verkaufsgespräch arbeiten Fakten und Informationen für den Einkäufer, ohne dass dieser aktiv werden muss. Brechen Sie diesen Fokus mit gut vorbereiteten Argumenten auf!
- Für den Einkäufer ist die Verhandlung nie beendet. Schon ein kleines Detail, eine zusätzliche Information kann den verhandelten Vorteil zunichtemachen. Bleiben also auch Sie flexibel – und halten Sie sich auch nach der Verhandlung über die Geschäfts- und Firmenbedingungen Ihres Gegners auf dem Laufenden.

KAPITEL 4

Vorbereitung – das A & O vor Verhandlungen

In Kapitel 3 haben Sie bereits einiges über Vorbereitungen zu Verhandlungen erfahren. Nach den Taktiken möchten wir das Thema Vorbereitung weiter vertiefen, da diese von elementarer Bedeutung sind. Es handelt sich um wesentliche Grundvoraussetzungen, die zwar bekannt sein sollten, jedoch zeigt die Praxis ein anderes Bild.

Verhandlungspannen sind keineswegs auf das Privatleben beschränkt. Sie geschehen genauso häufig im Geschäftsalltag. Viele Menschen gehen unüberlegt in Verhandlungen. Das haben wir in unserem umfangreichen Berufsleben immer wieder beobachten können.

Dabei ist es so einfach, einige Faustregeln zu beachten, die aus einer scheinbar schwierigen Verhandlung ein konstruktives Gespräch machen können. Einer der vielen Fehler, die man begehen kann, ist, die Frage zu ignorieren: „Wer braucht welche Information?" Fachlich ist alles bestens vorbereitet, aber die Frage „Wer soll bei dem Verhandlungsgespräch überhaupt Informationen bekommen und wer nicht?" wird übersehen. Dabei ist von entscheidender Bedeutung, wer an dem Gespräch teilnimmt – und damit auch, dass Sie sich bewusst machen, wer welche Informationen erhalten soll.

Bei allen Verhandlungen, Besprechungen oder Gesprächen gibt es zwei Parteien. Das sind „wir" und „die anderen". Dabei ist es völlig gleich, ob es sich um eine private Angelegenheit handelt oder um eine Geschäftsbeziehung. Oft hat jemand aus den eigenen Reihen Kontakt zur Gesprächspartei der „Anderen". Diese Basiskonstellation muss vor allen anderen Überlegungen klar sein! Auf diesem Ausgangspunkt fußt die anschließende Frage „Wer ist in unserem Team und wer davon braucht welche Informationen?" Es geht darum, Personen zu involvieren, die zu einem Gesprächsthema kompetent etwas beitragen bzw. die Sache fachlich unterstützen können. Dazu gehören durchaus Menschen, die einem selbst zuarbeiten und damit indirekt Teil der Verhandlungsmannschaft sind.

Nach der Verhandlung ist diese wieder mit Informationen zu versorgen, um eine auftragsgerechte Erfüllung zu gewährleisten. Unter diesen Gesichtspunkten machen Sie sich Ihr Team bewusst und stellen es entsprechend zusammen.

Auf der anderen Seite geht es darum, wer im eigenen Team keinesfalls dabei sein darf. Im Vorfeld geht es hauptsächlich um die Klärung, wer mit wem in Beziehung steht. Es ist unvorteilhaft, wenn auf unkontrolliertem Wege Details an Personen gelangen, die gar nicht oder erst zu einem anderen Zeitpunkt in einen Informationsprozess eingebunden werden sollen.

Ein Klassiker in der Wirtschaft ist der Warenhandel. Auf der einen Seite steht der eigene Vertrieb, auf der anderen der Einkauf des Kunden. Sie stehen in einer laufenden Geschäftsbeziehung: Der Einkauf bestellt beim Vertrieb und die Logistik liefert aus. Und mit dem Austausch der Waren fließen immer Informationen mit!

Dazu ein Beispiel aus der Praxis: Während einer Betriebsbesprechung wird eine unumgängliche Preiserhöhung der produzierten Waren diskutiert. Wann diese umgesetzt wird, bleibt jedoch offen, denn es sind noch nicht alle Umstände bekannt. Trotzdem sickert diese interne Information aus der Konferenz „ungefiltert" in den gesamten Betrieb bis hin zur Logistik. Bei der Bereitstellung einer bestellten Ware erzählt der Logistiker dem Einkäufer des Kunden von den Überlegungen seines Unternehmens. Der Einkäufer des Kunden gibt diese Neuigkeiten wiederum an seine eigene Firmenleitung weiter. Die Folge ist eine Irritation bei einem Kunden, die sich unvorteilhaft auf kommende Gespräche auswirken und das Gesprächsklima an einer Stelle beeinflussen kann, die nur störend wirkt.

Leider ist so etwas kein Einzelfall. Meldungen über Preiserhöhungen sorgen immer für Nervosität und wirken sich ungünstig auf Geschäftsbeziehungen aus. Um eine interne Betriebsbesprechung vorzubereiten, empfiehlt es sich daher ein Schaubild aufzuzeichnen, das die Beziehungen aller Personen untereinander verdeutlicht, deren Informationen für eine Verhandlung wichtig werden könnten. Sehen Sie sich neben der internen Struktur des Unternehmens auch die Verknüpfungen der eigenen Firma zur Seite der Kunden an: Wer hat parteiübergreifend Kontakt zu wem? Aus der Antwort auf diese Frage ergeben sich dann zwei Überlegungen:

- Sind diese Verknüpfungen zum eigenen Vorteil zu nutzen?
- Wie kann vermieden werden, dass unerwünschte Informationen ausgetauscht werden?

Das vorbereitende Briefing zu einem Geschäftstermin sollte folgende Punkte beinhalten: Wer gehört alles zu den „Sendern" einer Botschaft? Wer könnte Informationen in der Kommunikationskette besitzen, und wer sind die „Empfänger" dieser Informationen? Das Briefing beinhaltet deshalb auch die Abwägung über den Ausschluss von Personen im Informationsprozess!

Vorbereitung – das A & O vor Verhandlungen

Ein Briefing im Vorfeld legt nicht nur fest, wer Informationen weitergibt und an wen sie weitergegeben werden. Es definiert auch die Positionen der Gesprächsteilnehmer – wie zum Beispiel: Wer ist der Verhandlungsführer? Diese Klärung fördert die Verhandlungslinie. Alle Beteiligten des eigenen Teams können sich entsprechend verhalten – ein „wildes Durcheinander" bleibt aus. Selbstverständlich kann in dieser Phase der Planung besprochen werden, ob Rollen während des Gespräches getauscht werden. Das heißt, der zu Beginn einer Verhandlung erkennbare Gesprächsführer kann beispielsweise während des Besprechungsverlaufs mit einer anderen Person aus dem Team die Position wechseln. In der Regel bringt das die Gegenseite aus dem Konzept, was man zum eigenen Vorteil nutzen kann.

Es ist ebenso von Bedeutung, sich eingehend mit der Situation zu beschäftigen, in der Sie sich befinden. Dadurch machen Sie sich die Erwartungen bewusst, die Sie an die kommenden Verhandlungen stellen. Das Problem besteht häufig darin, dass viele Menschen mit der Vorstellung in Verhandlungen gehen, es gäbe nur eine Lösung, statt sich Alternativen zu überlegen. Mit diesem einen Lösungsansatz im Kopf erfolgt ein routinierter Ablauf des üblichen eigenen Handelns, mit einem fast schon vorgegebenen Ergebnis.

Trotz schlechter Erfahrungen gehen die meisten Menschen immer aufs Neue ohne eine konkrete Idee oder Vorstellung in ein Verkaufsgespräch bzw. eine Verhandlung. Sie überlegen nicht, dass es Alternativen gibt. Stattdessen wäre es klug, sich die Zeit zu nehmen und zu überlegen: Was ließe sich an dem altbekannten Vorgang ändern? Was erwarten Sie konkret von einem Verkaufsgespräch, einer Verhandlung?

Von Bedeutung ist, sich vor einem Verkaufsgespräch klarzumachen, dass es nicht nur den einen möglichen Ausgang des Gesprächs gibt! Es gibt stets einen Plan B, immer

Vorbereitung – das A & O vor Verhandlungen

eine Alternative. Zumindest *sollte* es die geben. Wichtig ist, nicht nur die nächstliegende Alternative in Betracht zu ziehen, sondern gewissermaßen über den Tellerrand hinauszuschauen, und eine oder mehrere Alternativen zu finden.

Natürlich ist der beste Zeitpunkt für diese Überlegungen *vor* dem eigentlichen Verkaufsgespräch. Die Analyse besteht also darin, sich mehrere Optionen zu überlegen. Wie könnte ein solches Gespräch ausgehen? Was sind die konkreten Erwartungen? Ist vielleicht sogar ein „Nebengeschäft" möglich, eines, das sich aus dem eigentlichen Ziel zusätzlich ergeben könnte? Das gilt es zu bedenken und gegeneinander abzuwägen. Bei dieser Analyse sollten Sie sich klarmachen, wie für Sie der sogenannte „worst case" aussieht! Was wäre das schlechteste Ergebnis, das Sie sich in solch einem Verkaufsgespräch vorstellen können? Wie sähe das Ergebnis aus, wenn Sie sich nicht einigen? Was hätten Sie zu verlieren?

Viele denken ungern über so ein „worst case"-Szenario nach. Damit ist oft der Gedanken des Scheiterns verbunden und natürlich scheitert niemand gern. Aber in diesem Fall, bei der Analyse vor einer Verhandlung, ist der Gedanke an das schlimmste Ergebnis für die Vorbereitung und mögliche Optionen sinnvoll. Es ist absolut unnötig, sich davor zu fürchten. Das mag simpel klingen, jedoch ruft allein die Vorstellung eines negativen Verhandlungsausgangs oft Hemmnisse hervor.

Vorbereitung – das A & O vor Verhandlungen

Wenn Sie während der Analyse der eigenen Situation über die verschiedenen Lösungswege nachdenken, wie Sie an Ihr Ziel gelangen können, sind Sie gut beraten, sich diese Lösungswege auf ihren längerfristigen Nutzen hin abzuwägen. Für die Analyse eines Gesprächs sind außerdem die Begleitumstände in Erwägung zu ziehen! Welche Auswirkungen hat das angestrebte, ursprüngliche Ziel in einem Gesamtkomplex? Was verursacht das Ergebnis der Verhandlungen?

Dieser große Zusammenhang betrifft nicht nur die eigene Seite – das „Wir"-Team. Die erwähnte Einteilung in ein „Wir"-Team und das Team der anderen ist sinnvoll. Dabei kommt der sogenannte „Wahrnehmungs- Positionswechsel" ins Spiel, der für die Analyse der eigenen Erwartungen dienlich sein. Es handelt sich dabei um eine ganz bewusste Änderung der Perspektive. Sie treten „in die Schuhe des anderen", wie ein Sprichwort der Indianer besagt, und versuchen, die Situation mit dessen Augen zu sehen. Wie nimmt der Verhandlungsgegner das Gespräch wahr? Welchen Vorteil hat er? Wo könnte ein Nachteil für ihn entstehen? Wo liegen seine Risiken? Wie fühlt er sich dabei?

Das hilft, um nachzuvollziehen, warum die andere Verhandlungsseite mit seinem Gegenüber in Kontakt ist. Hier kommen Sie dem Einkäufer entgegen, indem Sie ihm einen Weg zeigen, Ihnen entgegenzukommen. Das setzt jedoch konkret die Analyse der Situation und der Optionen voraus. Recherchen sind dabei das A & O für den Erfolg.

Manche Verkäufer gehen in eine Verhandlung, ohne zu wissen, auf wen sie treffen. Sie machen sich keine Gedanken über das, was in dem bevorstehenden Gespräch wohl passieren könnte. Sie handeln, ohne nachzudenken bzw. ohne verschiedene Szenarien zu reflektieren. Doch es ist von Vorteil, sich darüber bewusst zu sein, dass Sie immer mehrere Optionen haben, wenn Sie in eine Verhandlung gehen. Es gibt ein Schema, das diese Thematik charakterisiert. Es

Vorbereitung – das A & O vor Verhandlungen

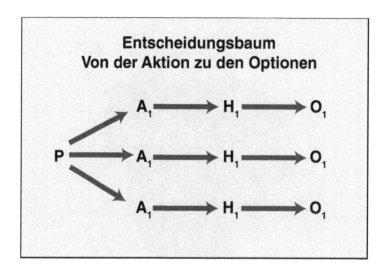

nennt sich "PAHO". Dahinter verbirgt sich, dass aus einem Problem (P) Aktionen (A) erfolgen, die Handlungen (H) und somit mehrere Optionen (O) nach sich ziehen können. Das nachstehende Schaubild verdeutlicht das noch einmal.

Nehmen wir also an, aufgrund der genauen Analyse dessen, was Sie erreichen wollen, haben Sie sich drei Optionen notiert. Es sind drei Richtungen, die die bevorstehenden Gespräche einschlagen können. Selbstverständlich nehmen Sie von jeder dieser Optionen an, dass sie eintreten kann. Sie wären also nicht überrascht, wenn eine von den Optionen eintrifft. Doch: Diese drei Optionen sind nur dann nützlich, wenn sie gründlich recherchiert wurden. Das folgende Schaubild verdeutlicht den angesprochenen Gesichtspunkt:

Alle Informationen, die einer Verhandlung oder einem Verkaufsgespräch zugrunde liegen, sind der Eisberg. Recherchiert wird von den meisten Menschen jedoch nur die Spit-

Vorbereitung – das A & O vor Verhandlungen

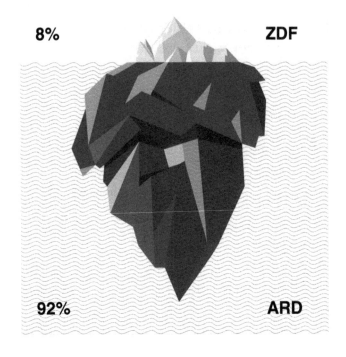

ze, nicht der gesamte Eisberg. Die ist aber nur ein Bruchteil des ganzen Bergs. Diese Spitze besteht meist aus reinen Zahlen und Fakten, viele Geschäftsleute haben diese sehr gut im Kopf. Häufig wird mit Zahlen jongliert, mit Statistiken und Fakten. Die eigenen sowie die Verkaufszahlen des Gegners können buchstäblich im Schlaf heruntergebetet werden. Firmenumsätze, Marktanteile, Namen der Entscheider – das alles wird aus dem „Effeff" beherrscht. Man kann diese Ebene auch als „ZDF" bezeichnen, was für Zahlen, Daten und Fakten steht. Es ist die Sachebene, die die Spitze des „Eisberg" bildet.

Natürlich sind diese Zahlen wichtig, bilden sie doch Indikatoren dafür, wie die Firma, der Verhandlungspartner,

Vorbereitung – das A & O vor Verhandlungen

am Markt platziert ist und ob sich ein Geschäft überhaupt lohnt. Über diese Fakten Bescheid zu wissen, ist also eine Grundvoraussetzung, um in Verhandlung zu treten. Aber sie sind nicht alles. Vielen ist das nicht bewusst und sie lassen elementare weitere Grundsätze außer Acht. Einer davon ist der menschliche Faktor – nämlich: Wer ist Ihr Gegner?

Es ist ratsam, neben den Umsätzen und den Marktanteilen Ihres Geschäftspartners weitere Informationen zu recherchieren. Das betrifft auch die Person, mit der Sie verhandeln. Dazu zählen scheinbar kleinere Hinweise, wie solche über das Umfeld des Geschäfts- oder Verhandlungspartners, den geschäftlichen Rahmen seiner Firma; aber auch Infos über Mitarbeiter, Hobbys oder die Familie können Ihnen von Nutzen sein. Dabei sollten Sie auch auf Hinweise achten, die Ihnen vielleicht im ersten Moment nicht relevant erscheinen.

Um bei dem Sinnbild des Eisbergs zu bleiben, handelt es sich also um den Teil, der unterhalb der Wasseroberfläche verborgen ist. Dieser „unsichtbare" Teil des Eisberges steht für die Beziehungsebene und beinhaltet Fragen wie: Was mag diese Person? Was hasst sie? Welche Werte hat der Gesprächspartner? Was ist seine Einstellung? Das sind alles ebenso wichtige Faktoren, die jedoch oft unberücksichtigt bleiben. Diesen Teil vertiefen wir später noch einmal. Dann geht es um die spezielle Betrachtung des Einkäufers.

Es gibt drei Ebenen, auf denen die Recherche durchgeführt werden sollte:

Den größten Kreis bildet die erste Ebene. Das ist die Branche, die recherchiert werden muss. Über diese sollten Sie möglichst viel wissen. Entscheidend ist auch hier, dass neben den Zahlen weitere Aspekte in Erfahrung gebracht werden! Auch persönlichere Nachrichten können sich als bedeutsam erweisen. Das sind beispielsweise Artikel in Zei-

Vorbereitung – das A & O vor Verhandlungen

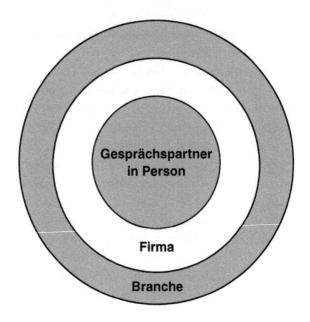

tungen über Auszeichnungen von Mitarbeitern oder soziales Engagement des Unternehmens in der Region.

Die zweite Ebene, auf der recherchiert werden muss, ist nach der Branchenebene die Firmenebene. Das betrifft nicht nur die Bedeutung von Sachfragen, sondern auch die menschliche Seite – denn die darf nie außer Acht gelassen werden.

Es schließt sich die dritte Ebene an – der innerste Kreis. Dieser stellt den Kern der Nachforschungen dar. Es geht um den Menschen, mit dem Sie es zu tun bekommen werden.

Oft führt die Recherche der „oberen Ebene", eine reine Sachfrage, zu einem sehr persönlichen, kleinteiligen Rädchen im gesamten Getriebe. Die Übergänge zwischen diesen Ebenen oder Kreisen, wie sie in der Grafik dargestellt sind, sind fließend.

Vorbereitung – das A & O vor Verhandlungen

Gleichgültig, auf welcher Ebene Sie sich befinden, machen Sie sich bewusst, dass es Menschen sind, mit denen Sie verhandeln. In Ihrem Verkaufsgespräch, in der bevorstehenden Verhandlung sind Ihre Gesprächsgegner keine gesichtslosen Firmen, sondern Personen wie Sie. Es sind Menschen, auf die Sie sich mit dem bevorstehenden Gespräch einlassen – Menschen, die das Recht haben, als solche behandelt zu werden. Das wird leider oft vergessen. Nicht nur die Fakten über die Firma selbst sind von Bedeutung, sondern auch die Person, die die Verhandlung mit Ihnen in die Hand genommen hat. Beschäftigen Sie sich im Vorfeld deshalb mit Fragen wie: Was hat mein Gesprächspartner innerhalb der Firma zu tun? Wer ist er? Was hat er vorher gemacht, welche Funktionen hat er jetzt inne? Wer kennt ihn und mit wem hatte er Kontakt?

Sehr gute Dienste kann Ihnen bei der Suche nach Informationen das Internet liefern. Gerade heute sind Online-Plattformen und -Netzwerke so modern wie nie. „Facebook" oder auch „Xing" sind soziale Netze, denen heutzutage beinahe jeder beitritt und die kostenfrei genutzt werden können. Wahrscheinlich sind Sie selbst vernetzt und ein Teil einer Struktur, in der jeder mit jedem bekannt werden kann oder vielleicht schon ist. Und das nicht nur online, sondern auch im realen Leben.

Wir bezeichnen solche Netzwerke gern als Firmen-DNA. Jeder Festangestellte trägt sie bis zu einem gewissen Grad in sich. Jeder wird von der Arbeit geprägt, der er sich jeden Tag widmet. Auch der Ort, an dem jemand dieser Arbeit nachgeht, hat bedeutenden Einfluss. Da sind die Kollegen, Geschäftsfreunde oder Servicemitarbeiter von anderen Unternehmen. Eine Arbeit ist in der Regel so gut wie ihre Kollegen, heißt es. Oft verbringen wir mehr Zeit an unserem Arbeitsplatz als mit der Familie.

Jeder, der an einer geschäftlichen Verhandlung teilnimmt,

ist in ein Netzwerk von Kollegen und Geschäftsfreunden eingebunden. Das hat natürlich Auswirkung auf den Einzelnen. Nutzen Sie diesen Umstand für sich!
Genau diesen Punkt der Analyse finden viele Menschen fragwürdig, da er ihnen zu persönlich ist. Wir haben schon öfter entrüstete Ansichten über diese Form der Verhandlungsrecherche gehört. Das sei zu privat, es sei nicht anständig, jemanden so auszuforschen und dabei womöglich seine Privatsphäre zu verletzen. Die Bedenken sind nicht von der Hand zu weisen, doch möchten wir Sie auf einen wichtigen Aspekt hinweisen, den wir bereits erwähnt haben und der bei dieser Argumentation oft vergessen wird: Der „Andere" ist ein Mensch wie Sie. Er hat das Recht, so behandelt zu werden –gerade in einer Verhandlung oder in einem Verkaufsgespräch. Und so muss ich mich mit ihm auseinandersetzen. Alles andere ist auch für Sie selbst von Nachteil.
Hegen Sie also keine unnötigen Bedenken, sich so viele Informationen über Ihre Verhandlungspartner zusammenzusuchen, wie Ihnen möglich ist. Ihr persönliches Fingerspitzengefühl wird Ihnen den Weg weisen. Es ist selbstverständlich, dass mit den gewonnenen Erkenntnissen sensibel und verantwortungsvoll umgegangen wird. Nehmen Sie zur Kontrolle einen Wahrnehmungsperspektivwechsel vor und fragen Sie sich, wie Sie sich fühlten, wenn jemand Informationen über Sie in Erfahrung gebracht hätte.
Bereits zu Beginn dieses Kapitels deuteten wir an, dass Sie sich ein Schaubild zeichnen sollten, um sich das „Wir"-Team und die Beziehungen der Teammitglieder untereinander zu verdeutlichen. Stellen Sie sich die Netzwerke, Ihre und auch die Ihres Verhandlungspartners, ebenso als Schaubild vor und zeichnen Sie die Verbindungen auf.

Sie fragen sich, wann Sie mit einer Recherche fertig sind? Die Antwort lautet nüchtern: nie. Selbst nach einer Verhandlung sind Nachforschungen und Wissen über die Firma und Ihren Gesprächspartner für das Ergebnis der weiteren Gespräche wichtig. Vielleicht müssen Sie nach dem ersten Gespräch Ihre Meinung über Ihren Verhandlungspartner neu definieren? Halten Sie sich also unbedingt auf dem Laufenden, was Ihren Geschäftspartner betrifft. Denn die Infor-

Verhandel mit dem Verhandlungs-GRID

mationen, die Sie haben, geben Ihnen die Kontrolle über das Verhandlungsgespräch bzw. entscheidenden Einfluss darauf. Welchen Verlauf eine Vorbereitung im Vorfeld nehmen kann und welche Elemente zu bedenken sind, zeigt das Schaubild. Im Buch „Raus aus der Win-Win-Falle – Verhandeln um zu siegen" gehen wir ausführlich und mit praktischen Beispielen auf diesen Kreislauf ein.

KAPITEL 5

Verhandlungstaktiken – auch Ihre ist dabei!

Taktik und Strategie sind zwei verschiedene Dinge. Immer wieder stellen wir in unseren Seminaren fest, dass beides miteinander verwechselt wird. Eine Strategie besteht darin, ein Ziel ins Auge zu fassen. Es ist der Plan, wie dieses Ziel erreicht werden soll. Hingegen ist eine Taktik der Weg, auf dem man das Ziel zu erreichen hofft. Ein Satz, den wir neulich hörten, verdeutlicht den Unterschied. Ein Vater stand vor dem Problem, seinem 12-jährigen Jungen die Begriffe „Strategie" und „Taktik" zu erklären. Seine Definition lautete: „Unsere Strategie war, eine Eins in der Mathearbeit zu erreichen. Unsere Taktik war, eine Woche lang jeden Nachmittag gemeinsam eine Stunde lang binomische Formeln zu üben."

Das bedeutet: Viele Wege führen innerhalb einer Verhandlung nach Rom – also zu einem erfolgreichen Abschluss. Doch der Weg dorthin ist steinig und voller Hindernisse. Ihr Verhandlungsgegner wird Ihnen solche Steine in den Weg legen, um sein eigenes Ziel zu erreichen.

Diese Hindernisse sind die verschiedenen Taktiken, die er anwenden kann. Natürlich können Sie diese aber ebenfalls einsetzen! Sie sind, wie bereits in den ersten Kapiteln des

Buchs angesprochen, in einem Verkaufsgespräch keinesfalls auf die passive Rolle beschränkt. Werden Sie also aktiv.

Die unterschiedlichen Taktiken, die während einer Verhandlung benutzt werden können, lassen sich im Wesentlichen in zwei große Kategorien einteilen: in sachbezogene und in emotionale. Sachorientierte Taktiken operieren mit Zahlen, mit konkreten Preisen oder Lieferbedingungen, die sich auf Bilanzen oder faktische Werte beziehen. Die emotionalen Taktiken arbeiten dagegen mit den Gefühlen des Gegenübers. Zahlen sind dabei Nebensache, der Verhandlungsgegner soll zum Gegenstand des Gesprächs werden. Ziel ist es, dass die Zahlen und Preise nicht mehr als Argument dienen können.

Bitten wir unsere Seminarteilnehmer, einige der ihnen bekannten Taktiken aufzuschreiben und diese vorzustellen, kommt es in sehr vielen Fällen zu Irrtümern. Meist werden Taktiken mit Verkaufsargumenten verwechselt. Manchmal liegt der Irrtum wie oben erwähnt im Verständnis des Begriffs Strategie, mit der ein Verhandlungsziel erreicht werden soll. Doch selbst wenn diese Missverständnisse ausgeräumt sind, fällt an den Aufzählungen eines besonders auf: Emotionale Taktiken zu erwähnen, fällt vielen Menschen wesentlich leichter. Es sind die ersten Taktiken und Verhaltensweisen, die in einer Verhandlung als augenfällig beschrieben werden.

Dafür gibt es einen guten Grund: Sachorientierte Taktiken und Argumente sind weniger persönlich. Man kann sie daher leichter als von sich getrennt betrachten. Sie sind absolut und in der Regel nicht personalisiert. Sie stehen in keinem direkten Bezug zu jemandem. Sachliche Taktiken beziehen sich auf Umsätze und Zahlen, auf Ergebnisse und Preise. Selten wird sich in einer Verhandlung jemand finden, der sich direkt mit diesen Zahlen, Preisen und Konditionen identifiziert. Für Lieferanten ist das unangenehm bzw. sogar

Verhandlungstaktiken – auch Ihre ist dabei

gefährlich. Denn während der Einkäufer in der Regel zwischen mehreren potenziellen Lieferanten wählen kann, ist der Verkäufer mit den Zahlen eines – seines! – Unternehmens und dem damit verbundenen Ziel verknüpft. Doch was geschieht, wenn der Verkäufer sich davon emotional distanziert? Dann besteht leicht die Gefahr, dass wichtige Sachargumente, die das Produkt von denen der Konkurrenz unterscheiden, außer Acht gelassen werden. Wichtige Argumente kommen in diesem Fall nicht mehr ins Spiel. Doch diese müssen Sie selbst in die Gespräche einbringen, wie wir bereits in einem der vorigen Kapitel erwähnten. Ein wichtiger Punkt! Unterlassen Sie das, wird der Einkäufer es erst recht nicht tun! Sie wollen sich gegen Ihre Konkurrenten durchsetzen. Das ist auf der emotionalen Ebene noch schwieriger, als es ohnehin schon ist. Denn im Gegensatz zum Einkäufer kennen Sie Ihre Wettbewerber in der Regel kaum. Der Einkäufer hat einen klaren Wissensvorsprung.

Grundsätzlich ist es also sinnvoller, mit Sachargumenten zu arbeiten, statt mit emotionalen. Zahlen, Konditionen oder Lieferbedingungen lassen sich schwerer entkräften als ein emotionaler Grund. Zudem neigt man auf der emotionalen Ebene leicht dazu, ins Negative abzurutschen. Das ist buchstäblich Gift für eine gute Stimmung, in der eine Verhandlung stattfinden sollte. Letztlich wirkt sich das ungünstig auf einen zufriedenstellenden Abschluss für alle Beteiligten aus.

Es ist daher wichtig für Sie als Verkäufer, dass Sie über die möglichen Taktiken, die ein Einkäufer oder Verhandlungsgegner anwenden könnte, genau Bescheid wissen. Solche Taktiken zu erkennen, ist von enormer Bedeutung. Dazu müssen Sie sie exakt einordnen, damit Sie entsprechend darauf reagieren können. Im Folgenden beschäftigen wir uns daher mit zwanzig der bekanntesten Taktiken. Wir erläutern Ihnen das Wesen und den Zweck der Taktiken und wie man sie am besten identifiziert. Natürlich zeigen wir Ihnen Tipps und Kniffe, wie Sie diese entkräften oder zum eigenen Vorteil nutzen können, um das Gespräch erfolgreich weiterzuführen. Denn erkennen Sie die gegen Sie angewandte Taktik, können geschickt gegensteuern und die Verhandlung zu Ihrem eigenen Vorteil umdrehen. Damit kommen Sie selbst zu einem erfolgreichen Abschluss!

Verhandlungstaktiken – auch Ihre ist dabei

Taktik 1: Die Salami-Taktik
Teilergebnisse absichern

Eine der wichtigsten und bekanntesten Taktiken ist die Salami-Taktik. Ziel aus der Sicht Ihres Gegenübers ist es, durch einzelne kleine Verhandlungsschritte unübersichtlich zu verhandeln. Die Wahrscheinlichkeit ist hoch, in Summe mehr zu erreichen als mit einer Forderung, die im Ganzen formuliert wird.

Spätestens bei der gezielten Bitte an Sie, die dritte Einzelforderung zu akzeptieren, sollte klar sein: Ihr Verhandlungsgegner wendet die Salami-Taktik bei Ihnen an.

Die Vorteile für das scheibchenweise Vorgehen liegen klar auf der Hand. Wer diese Taktik anwendet, kann jederzeit einen Stopp im Verhandlungsfluss erreichen. Er kann das Thema wechseln und das Produkt – oder ein anderes – neu aufgreifen und beleuchten.

Wenn wir dies anhand einer typischen Einkaufs-/Verkaufs-Situation betrachten, sieht das so aus: Der Einkäufer erläutert in diesem Fall nicht sofort alle Gesprächsinhalte. Stattdessen versucht er, einzelne Themen, z.B. Zahlungs- und Lieferkonditionen, Werbekostenzuschuss, Aktionsrabatte, Preise, etc. separat zu verhandeln und festzuzurren. Erst wenn ein Thema abgeschlossen und ein Ergebnis vereinbart ist, geht der Einkäufer zur nächsten Forderung weiter. Der Verkäufer oder Lieferant soll über diese Taktik dazu bewegt werden, Zugeständnisse zu einzelnen Posten zu machen, ohne die Gesamtlage zu kennen – er weiß also zum Zeitpunkt der ersten Forderung noch nicht, wie viele noch kommen werden und welches Ausmaß die weiteren Wünsche des Kunden haben. Somit kommt er in den meisten Fällen schlechter weg, denn derjenige, der die Forderung stellt, ist im Vorteil. Er kann sich besser als Erster positionieren und „der Ball" ist im gegnerischen Feld. Der Verhandlungsgegner muss erst einmal auf den Vorstoß des Verhandlungspartners reagieren und nimmt damit eine passive Rolle ein.

Die effektivste Gegenmaßnahme gegen die Salami-Taktik ist es, vorab eine Agenda mit dem Verhandlungsgegner abzustimmen, auf der die zu verhandelnden Punkte bereits genannt werden. So können Sie sich gezielt vorbereiten.

Auch unserem Verkäufer Christian ist die Salami-Taktik zum Verhängnis geworden. Bevor Christian seine Laufbahn im Vertrieb begonnen hatte, war er zwar auf etliche Kniffe und Tricks beim Verhandeln vorbereitet worden, aber sein Auftreten verriet langjährigen Einkäufern seine Unerfahrenheit. Das nutzten diese zu ihrem Vorteil. Doch Christian lernte schnell. Zu seinen Vorbereitungen gehörte es, vor einem Verhandlungstermin um eine Tagesordnung zu bitten. Er argumentierte, er wolle dadurch die Möglichkeit haben, bereits im Vorfeld besser auf die Vorstellungen des Einkäufers einzugehen. Der Gedanke war gut. Jedoch musste Christian feststellen, dass nur wenige Einkäufer ihm in diesem Punkt entgegenkamen. Von vielen Einkäufern ist eine Agenda für eine Verkaufsverhandlung – verständlicherweise – selten zu erhalten. Mit dem genauen Ablauf nicht zu früh herauszurücken, ist Teil ihrer Verhandlungstaktik. So lief Christians Bitte oft ins Leere.

Weil gewiefte Verhandler die Salami-Taktik natürlich gut kennen und anwenden, empfehlen wir Ihnen eine andere Vorgehensweise: Gehen Sie auf die Forderungen Ihres Verhandlungsgegners in keinem Fall sofort ein. Machen Sie keine Zusage, kein Zugeständnis! Stattdessen raten wir Ihnen, sich folgende vier Punkte einzuprägen.
1. Finden Sie heraus, ob es weitere Forderungen gibt.
2. Überprüfen Sie die Ernsthaftigkeit des Einkäufers.
3. Ergründen Sie, ob überhaupt ein Abschluss möglich ist, oder
4. ob die Gespräche nur hinausgezögert bzw. gar abgebrochen werden sollen. Auch das kann eine Strategie sein, zu der die Salami-Taktik hinführen soll.

Unterlassen Sie die Überprüfung dieser vier Punkte, laufen Sie Gefahr, dass Sie Zugeständnisse machen, bevor Sie ein Gesamtbild über das tatsächliche Ziel des Einkäufers haben. Wenn Sie nur auf die Einzelforderung reagieren, werden Sie die gewünschten Antworten kaum bekommen.

Fragen Sie beispielsweise bei der ersten Forderung zurück: „Angenommen, nur mal angenommen, wir würden bei diesem Punkt eine Lösung finden, könnten Sie sich dann vorstellen, uns den Auftrag zu erteilen oder uns einzulisten bzw. das Geschäft mit uns abzuschließen?"

Verwenden Sie in jedem Fall den Konjunktiv! Auf diese Weise vermeiden Sie wiederum, dass Sie auf eine Zusage festgelegt werden können. Jetzt warten Sie die Antwort ab. Das kann tatsächlich etwas dauern. Nun ist es der Gegner, der sich festlegen muss: „Ja, ich kann mir vorstellen, den Auftrag an Sie zu erteilen!" Hier haben Sie einen Punktgewinn erlangt: Diese Absichtserklärung können Sie als Teilerfolg in der Verhandlung für sich verbuchen. Die möglicherweise eingetretene Pause bis zur Antwort gilt es auszuhalten!

Selbst eine negativ wirkende Reaktion ist ein Schritt nach vorne: „Nein, das kann ich nicht" oder „Ich kann es mir vielleicht vorstellen". Sie wissen nun genau, woran Sie beim Einkäufer sind. Eventuell haben Sie die Chance nochmals nachzufassen: „Ich sehe, es fehlt Ihnen noch ein Punkt, über den wir nicht gesprochen haben." In so einer Situation haben Sie die „Zügel" in der Hand. Sie können nun das Gespräch in eine für Sie erfreulichere Richtung lenken.

Wichtig ist dabei: Machen Sie keine Zugeständnisse, bis Sie sicher sind: Alles liegt auf dem Tisch! Erst dann sollten Sie sich überlegen, ob – und wenn ja, unter welchen Bedingungen – Sie auf die Forderungen eingehen wollen. Eine Bewertung in Ihrem Sinne kann nur unter Berücksichtigung aller Verhandlungspunkte getroffen werden.

Taktik 2: Aufsplittung
Preis und Kondition trennen

Die Aufsplittung – oder das Auftrennen – ist ebenfalls eine beliebte Taktik bei Einkäufern, um eigene Interessen in einer Verhandlung durchzusetzen. Sie ähnelt im Ablauf der Salami-Taktik. Dennoch ist sie etwas differenzierter und wird bei Lieferanten, die ein entsprechendes breites Spektrum an Waren liefern, gern angewendet. Die Aufsplittungstaktik besteht im Wesentlichen darin, dass einzelne, erlösschmälernde Bestandteile einer Angebotskette für den Einkäufer optimiert bzw. erhöht werden sollen.

Ein Beispiel wäre ein Anbieter wie z.B. Procter & Gamble, der große Produktpalette bedient und dabei Snacks genauso wie Babywindeln anbietet. Bei der Aufsplittungstaktik spricht der Einkäufer zunächst über die Stückvergütung des einen Produkts. Ohne erkennbaren Grund verweist er dann plötzlich auf den angeblich günstigeren Prozentsatz bei Babywindeln.

Der Verkäufer, der Verhandlungsgegner, wird durch dieses Manöver verwirrt und abgelenkt. Für den Verkäufer wird es nun schwierig, zu verfolgen, wo der Vorteil für den Einkäufer und damit sein eigener Nachteil liegt. Verliert er durch diesen Verhandlungs-Zick-Zack-Kurs den Überblick, kann der Einkäufer, ähnlich wie bei der Salamitaktik, Zugeständnisse erwirken. Oft sind diese für den Lieferanten jedoch von Nachteil. Bei Anwendung der Aufsplittungstaktik wird jedes Produkt mitsamt seinen Verkaufskonditionen einzeln betrachtet. Beabsichtigt ist, Preise und Konditionen aus Sicht des Einkäufers zu verbessern. Das gilt auch dann, wenn es sich um Teilsegmente oder um Preise für ein Teilsortiment handelt. Ziel ist, das Gesamtergebnis zu verschleiern. Die Verhandlung wird intransparent. Da diese Taktik häufig mit anderen Taktiken einhergeht, besteht die Möglichkeit, dass eine Aufteilung der Verhandlungsgegenstände unerkannt bleibt.

Es ist schwierig, gegen diese Taktik vorzugehen. Wir haben folgende Tipps: Erstellen Sie eine Kalkulationsmatrix, in der alle Erlösschmälerungen aufgeführt sind. Alternativ können Sie ein eigenes genaues Protokoll mit den genannten Zahlen und Preisen anlegen. So vermeiden Sie, den Überblick während des Gesprächs zu verlieren. Lassen Sie sich nicht zu voreiligen Zugeständnissen hinreißen. Stattdessen fragen Sie in Konjunktivform so lange nach, bis sich für Sie Klarheit ergibt.

Taktik 3: Treppenverhandlung
Leistung stufenweise erhöhen

Bei der Treppenverhandlung wird die geforderte Leistung während des Gesprächs, wie der Name bereits vermuten lässt, stufenweise erhöht. Dieser Vorgang lässt sich mehrmals durchführen. Dadurch wird der maximale Vorteil herausgearbeitet. Der Preis eines Produkts oder Lieferkonditionen werden vom Einkäufer zunächst auf eine bestimmte Menge bzw. Volumen verhandelt. Nachdem der Preis bzw. die Kondition fixiert ist, wird bei einem größeren Liefervolumen erneut verhandelt.

Christian hat ein solches Beispiel in seiner letzten Verhandlung erlebt. „In 50 Filialen wollen wir das Produkt führen", hieß es vom Einkäufer. Er einigte sich mit seinem Verhandlungsgegner auf den Preis und die Konditionen, zu denen diese Filialen mit seinem Produkt beliefert werden sollten. Christian war begeistert, dass alles scheinbar so reibungslos ging. Doch schließlich kam der Einkäufer darauf zu spre-

chen, dass er auch hundert Filialen mit dem Produkt beliefern könnte. Natürlich sollte dann neu über die Lieferkonditionen und den Stückpreis der Ware verhandelt werden. Christian brachte das kurzfristig aus dem Konzept. Er musste sich überlegen, ob er seine Lieferbedingungen unter diesen Umständen halten konnte. Denn durch die größere Abnahmemenge war dem Einkäufer eine Grundlage gegeben, höhere Rabatte einzufordern. Christian begriff schnell, dass es bei einem skalierten Preis geschehen kann, dass das Verhandlungsergebnis erst nach Vorteil aussieht, sich aber in der Summe als nachteilig herausstellt.

Eine Treppenverhandlung birgt für den Verkäufer noch ein weiteres Risiko: Eine geforderte Leistung wird versteckt und immer weiter erhöht, bis der Einkäufer zufrieden ist. Achten Sie daher darauf, dass der Vorteil des Einkäufers kein Nachteil für Sie wird! Verfolgen Sie also die Verhandlungsweise Ihres Gegenübers sehr aufmerksam und machen Sie sich gegebenenfalls Notizen.

Erkennen sollten Sie diese Taktik, wenn der Einkäufer das dritte Mal die geforderte Leistung erhöht. Dann können Sie sicher sein: Hier soll eine Treppenverhandlung geführt werden. Bemerken Sie diese Vorgehensweise, erfragen Sie umgehend die maximale Liefermenge, die abgenommen werden soll. Gehen Sie dabei mit klaren Fragen vor, wie wir sie bereits bei der Salami-Taktik beschrieben haben. Ausgehend von dieser Menge können Sie nun einen maximalen Preis oder maximale Lieferkonditionen kalkulieren. Diese kann dann vom Verhandlungsgegner als verbindlich angenommen werden.

Taktik 4: Vergleichsverhandlung
2 oder mehrere Angebote werden miteinander verglichen

20,99€   30,45€   45,60€

19,90€   24,99€   74,00€

best price

35,55€   11,80€

33,32€   17,25€   39,99€

Hier handelt es sich um eine sachliche Variante des sogenannten „Herdeneffekts". Bei der Vergleichsverhandlung soll durch einen direkten Vergleich der Lieferant und Verhandlungsgegner zu Zugeständnissen bewegt werden. In der Regel wird durch simples Ausspielen von vergleichbaren Angeboten ein Bestpreis angestrebt. Ziel ist es, die vorliegenden und präsentierten Preise zugunsten des Einkäufers weiter zu unterbieten.

Diese Taktik ist schnell erkennbar. Ein Vergleich zu einem anderen Anbieter oder Mitbewerber wird als Argument benutzt. Oft geht mit dieser sachorientierten Taktik eine emotionale Form der Verhandlung einher: Die EXIT-Strategie.

Der Einkäufer droht mit Abbruch der Geschäftsbeziehungen: „Können Sie auf Basis der Preise des Wettbewerbs kein interessantes Angebot bieten, sehen wir uns gezwungen, den Lieferanten zu wechseln."

So einfach und simpel diese Taktik zu beschreiben ist – ganz so einfach ist sie nicht auszuhebeln. Es sind konkrete Zahlen im Spiel, die sich allerdings nicht so ohne weiteres nachprüfen lassen. Ratsam ist es, sich einen anderen Ansatzpunkt zu suchen.

Ziel dieses Ausweichens ist es, die Verhandlung wieder auf einen Kurs zu bringen, der Ihnen angenehm ist. Konzentrieren Sie sich auf Ihre eigenen Stärken und rücken Sie diese wieder in den Vordergrund.

Dazu ist jedoch eine gründliche Vorbereitung der Verhandlung absolut notwendig. Schon im Vorfeld der Gespräche muss eine genaue Analyse der eigenen Produkte und der eigenen Vorteile erfolgen. Sicher ist Ihnen das Stichwort „SWOT-Analyse" geläufig. Verwenden Sie diese Betrachtungsweise und beleuchten Sie so die Stärken, Schwächen, Chancen und Risiken der eigenen Zusammenarbeit und Produkte. Diese bereiten Sie für Ihre Argumentation beim Kunden auf, sodass Sie sie prompt servieren können. Empfehlenswert ist eine Auflistung Ihrer Pluspunkte aus Sicht eines Einkäufers. Versetzen Sie sich in seine Lage. Was möchte der Einkäufer hören und was nicht? Worin unterscheidet sich Ihr Produkt von dem anderer Anbieter? Besonders wichtig ist ein bestimmter Aspekt dieser Frage: Wo liegt der Vorteil des Einkäufers, wenn er sich für Sie entscheidet?

Haben Sie Ihre „Hausaufgaben" gut gemacht, können Sie in den Vergleich, der zunächst zu Ihren Ungunsten ausfiel, durch überzeugende Argumente einhaken. Meist wird ein Einkäufer die angebotenen Produkte in einem Punkt vergleichen: der Preis. Das ist aber nur dann wirklich möglich, wenn die verglichenen Artikel untereinander tatsächlich substituierbar sind. Wenn Sie also gut vorbereitet sind, können Sie einen Vergleich „zwischen Äpfeln und Birnen" aushebeln.

Sie als Verkäufer, als Lieferant, kennen Ihr Produkt wesentlich besser – das setzen wir an dieser Stelle voraus. Erarbeiten Sie die Vorzüge Ihres Produktes und worin sich Ihre Produkte genau von denen der Konkurrenz unterscheiden und absetzen. Stellen Sie heraus, was der Nutzen für den Einkäufer ist, der sich aus diesem Alleinstellungsmerkmal ergibt. So sind Sie in der Lage, die Diskussion wieder auf Dinge zurückzuführen, die Ihnen – und damit letztendlich auch dem Einkäufer – genauso wichtig sein sollte wie der Preis.

Taktik 5: Zukunftskondition
Zukünftige Leistung in Aussicht stellen

Die vom Verkäufer gewünschten Lieferbedingungen und Produktpreise zu drücken – das ist in einer Verhandlung das Ziel eines Einkäufers. Oft weiß er, der Lieferant kann die von ihm gewünschten Preise auf Dauer nicht halten. Schließlich hat er durch den Kontakt zu anderen Lieferanten einen Überblick, wie sich das Preisniveau auf dem Markt bewegt. Um Sie zu „motivieren", spricht der Einkäufer über bessere Konditionen oder Preise in der Zukunft: „Wenn Sie mir die Ware zum gewünschten Termin liefern und zu den besprochenen Preisen – so schwer es Ihnen fallen mag – dann werde ich Ihr Hauptabnehmer! Uns liegt an einer langfristigen Zusammenarbeit."

Es wird also etwas eingefordert, das eingelöst werden soll, bevor man selbst zur Tat schreitet und seinerseits etwas in den Handel einbringt. Die große Gefahr bei dieser Taktik: Das Versprechen, dass sich zukünftig die Konditionen verbessern oder gar eine exklusive Lieferantenposition ergibt, ist nicht zwingend bindend. Oft ist fraglich, ob einer solchen Zusage wirklich Taten folgen. Daher ist diese Taktik schwer als Finte erkennbar. Es kann durchaus sein, dass der Verhandlungsgegner es ernst meint und seine Zusage einhält.

In so eine Falle tappte auch Christian. Schon länger versuchte er, sich bei einem interessanten Kunden besser zu platzieren. Um im Gespräch zu bleiben, vereinbarte er mit dem Kunden besonders günstige Konditionen. Christian war bewusst, dass er sich bereits sehr stark an der „Schmerzgrenze" bewegte. Beim nächsten Verhandlungstermin forderte der Einkäufer erneut Rabatte. Eigentlich war für Christian das Limit bereits erreicht. Weiter konnte er kaum gehen, ohne Verluste hinzunehmen.

Christians Gegenüber, der Einkäufer, merkte, dass er sich schwertat. Er hatte jedoch auch das Gespür, dass noch etwas mehr herauszuhandeln sei. Der Einkäufer gab Christian zu verstehen, dass er mit einem wichtigen Wettbewerber unzufrieden ist. Er wolle sich von diesem trennen und dann könnte Christians Firma diesen Platz einnehmen. Christian rechnete unter Berücksichtigung dieser Perspektive kurz alles durch. Die Langfristigkeit machte das Geschäft selbst bei den derzeit ungünstigen Konditionen wieder interessant. Christian willigte ein – und hatte Pech: Sein Wettbewerber ist bis heute eine der wichtigsten Lieferanten des Unternehmens.

Wenn der Einkäufer also zukünftige Umsätze bzw. Absätze in Aussicht stellt und dafür ein entsprechendes Angebot fordert, hilft nur eines: Nageln Sie Ihren Verhandlungsgegner auf seine Aussagen fest!

Behalten Sie immer im Hinterkopf, es ist Ihr Verhandlungsgegner und nicht Ihr Freund! In diesem Fall ist ein mitgeschriebenes Protokoll sehr hilfreich. Taktisch klug ist es, zu Beginn der Verhandlung das Thema Protokoll anzusprechen. Das schafft klare Positionen und für alle Beteiligten ist es jederzeit möglich, Vereinbartes oder auch Gesagtes nachzuvollziehen. Schon bei der Taktik der Aufsplittung haben wir darauf hingewiesen, wie sinnvoll es ist, den Überblick über die Argumente zu behalten. Geschickt ist es, wenn Sie es so einrichten können, dass der Verhandlungsgegner die Hauptlast des Gesprächs trägt. So bleibt mehr Zeit für Sie und Sie können sich besser auf das Wesentliche konzentrieren.

Rückfragen schützen am besten davor, den Überblick zu verlieren. Fragen Sie nach, ob und wann die angebotenen Leistungen realisiert werden. Anhand der konkreten Antworten – der Aussagen – können Sie entscheiden, ob es sich nur um eine taktische Verhandlung, also um fiktive Angebote, handelt, die Sie dazu bewegen soll, der Gegenseite günstigeren Konditionen einzuräumen oder um ein ehrlich gemeintes Angebot des Gegners.

Taktik 6: Konditionstausch
Verhandlungsgegenstände werden ausgetauscht

Bei dieser Taktik wird der Verhandlungsgegenstand selbst getauscht. Aus einer variablen Kondition soll eine fixe Kondition oder aus einer fixen Konditionen eine variable Kondition werden.

In der Verhandlung äußert sich der Konditionstausch darin, dass der Einkäufer versucht, eine variable Kondition mit der Begründung aufwendiger Abrechnung und geringer Nachvollziehbarkeit in eine fixe Kondition umzuwandeln. Argument wird sein, dass dies keine höhere Belastung für den Verkäufer darstellt. Bei der Umwandlung von einer fixen in eine variable Kondition wird häufig als Argument die Nutzung von offenen Potenzialen verwendet. Auf dem Strommarkt beispielsweise ist zu beobachten, dass diese Taktik für den Endverbraucher angewandt wird. Einige Energielieferanten bieten ihren Kunden einen fixen monatlichen Vertragspreis unter der Voraussetzung an, dass der

Verbraucher sich für 24 Monate bindet – ganz gleich, wie die Preise sich innerhalb dieser Zeit entwickeln.

Der Vorteil dieser Taktik ist: Sie ist schnell erkennbar. Die Argumente sind immer die gleichen. Das Hauptargument für eine solche Wandlung von Konditionen liegt auf der Hand. Konditionssicherung bedeutet Konditionsweiterentwicklung, obwohl zunächst keine höhere Belastung entsteht. Bei fixierten Konditionen wird die Möglichkeit eröffnet, dass erneut variable Konditionen verhandeln werden können oder, im schlechtesten Fall, Potenziale auf Wettbewerber verschoben werden.

Wie können Sie sich vor einem Konditionstausch schützen? Fixe Konditionen können in der Tat von Vorteil sein. Dennoch – für den Lieferanten sollte die eigene Leistungsabsicherung im Vordergrund stehen. Eine Besitzstandswahrung muss gewährleistet sein, wenn Sie einem solchen Konditionstausch zustimmen. Denn weder Sie noch der Einkäufer, dem Sie Ihre Ware anbieten, kann in die Zukunft sehen. Es kann sein, dass Marktentwicklungen es erforderlich machen, dass nachverhandelt werden muss. Es darf sich keiner der beiden Verhandlungsgegner auf eine fixe Bedingung berufen können, die auf anderen Gegebenheiten fußt als den aktuellen.

Taktik 7: Überraschungstaktik
Gespräch zu einem anderen Thema führen als angekündigt war

Die Überraschungstaktik ist eine Vorgehensweise, die jedem geläufig sein dürfte. Im Grunde erklärt sich der Name von selbst: Der Termin und der Grund für das Gespräch sind vereinbart, entsprechend bereiten Sie sich auf diesen Termin vor. Jedoch eröffnet der Einkäufer gleich zu Beginn der Verhandlung, dass er ein völlig anderes Thema besprechen möchte, als ursprünglich angekündigt. Betriebsinterne Überlegungen seien die Gründe. Das klingt immer plausibel. Der Einkäufer lädt den Verkäufer also zu einem bestimmten Thema ein, möchte jedoch bewusst ein anderes Thema verhandeln. Den Verkäufer trifft das unvorbereitet. Seine Verhandlungsposition ist ungünstig.

Der Vorteil liegt beim Einkäufer. Er kann das Thema durchziehen, das er vorbereitet hat – dem Verkäufer ist es unmöglich, relevant und sachlich dagegenzuhalten. Als Überraschungsmoment ist hierbei übrigens alles zu werten, was im Vorfeld nicht angekündigt wurde oder ersichtlich war. Dazu zählt beispielsweise eine neue Vorgehensweise mitten im Gespräch, wenn plötzlich das Thema gewechselt wird. Sie dient dazu, den Verhandlungsgegner „kalt" bzw. unvorbereitet zu erwischen, ihn also abzulenken. Ziel sind natürlich Zugeständnisse, die der Verkäufer gar nicht machen möchte.

Die gute Nachricht ist: Diese Taktik ist sofort erkennbar. Sobald ein Thema plötzlich geändert wird, der verhandelte Gegenstand schlagartig „links liegen gelassen" wurde oder von Beginn an ein anderes Thema als angekündigt verhandelt wird –können Sie vom Überraschungseffekt ausgehen. Die Verwirrung, die bei Ihnen entstanden ist, soll ausgenutzt werden.

Die Gegenstrategie besteht darin, sich nicht aus dem Konzept bringen zu lassen. So einleuchtend es klingen mag, so schwierig ist das aber letztendlich. Am besten ist es, sich bereits im Vorfeld einer Verhandlung Klarheit, über die Themenfelder, die besprochen werden sollen, zu schaffen. Auch wenn Sie diesen Hinweis schon in der oder anderen Form von uns gehört haben, ein gute Vorbereitung ist nun mal das probateste Mittel. Fordern Sie zu Ihrer Sicherheit eine Agenda ein oder noch besser legen Sie eine Agenda vor! Verlangen Sie nach einer festen Zusage über den Gegenstand beziehungsweise das Thema, das verhandelt werden soll. Immerhin wollen Sie sich ausreichend und sinnvoll auf das Gespräch, die Verhandlung, vorbereiten. Das ist auch im Sinne des Einkäufers!

Sollte das Thema zu Beginn oder während des Gesprächs geändert werden, obwohl im Vorfeld eine Tagesordnung ausgemacht war, sprechen Sie Ihre Überraschung offen an! Gibt es kein Einlenken, bitten Sie um einen neuen Gesprächstermin. Sie brauchen die Möglichkeit, sich entsprechend vorzubereiten. Dass auch andere Themen neben der Agenda besprochen werden können, sollten Sie auf keinen Fall ausschließen! Eine Vorbereitung gemäß einer Tagesordnung bietet Ihnen einen zusätzlichen Vorteil: Sie können von sich aus den Einkäufer auf neue Möglichkeiten oder neue Vorteile aufmerksam machen, die sich ihm eröffnen, wenn er Geschäfte mit Ihnen macht. Sie können versichert sein, dass das eine angenehme Überraschung für den Einkäufer ist.

Taktik 8: Theoretischer Preis
Gegenkalkulation aufbauen

Besonders bei dieser Herangehensweise ist es ratsam, seine Zahlen sehr gut zu kennen! Bei dieser Taktik wird der Verkäufer absichtlich in die Defensive gedrängt.

Sie erinnern sich? In den ersten Kapiteln haben wir bereits darauf hingewiesen, dass ein Einkäufer meist über mehr Informationen verfügt, als das bei einem Lieferanten der Fall ist. Der Einkäufer bekommt seine Informationen regelmäßig auf dem Silbertablett serviert. Er kennt den Wettbewerb, denn er arbeitet mit mehreren Anbietern und Lieferanten zusammen. Dadurch kann er sich sehr gut einen Überblick über den Markt und Preisentwicklungen verschaffen. Er weiß, wie kalkuliert wird.

Ein theoretischer Preis setzt sich aus diesen Informationen zusammen. Wird ein Verkäufer damit konfrontiert, findet er sich schnell in einer defensiven Position wieder. Die unangenehme Folge ist: Er muss seinen Preis rechtfertigen. Der Einkäufer setzt bei der Anwendung dieser Taktik voraus, dass der Preis des Verhandlungsgegners höher ist als der des Wettbewerbs. So gesehen hat diese Methode Ähnlichkeit mit der Vergleichsverhandlung. Aufgebaut sind die Informationen aus vergleichbaren Artikeln, die bisher angeboten wurden, oder aus Erfahrungswerten. Das führt zur Definition eines theoretischen Preises. Grundsätzlich sollten Sie mit dieser Taktik rechnen. Das gilt besonders, wenn es sich um austauschbare sowie vergleichbare Artikel oder Produkte handelt. Genauso wie die Vergleichsverhandlung wird diese Vorgehensweise häufig benutzt, um den Preis zu drücken, beziehungsweise um den besten Preis in der Verhandlung zu erzielen.

Je mehr diese theoretische Kalkulation auf den Fakten realer Gegebenheiten und damit überprüfbaren Tatsachen basiert, desto schwieriger wird eine Entkräftung. Ein Gegensteuern erfordert gutes Wissen und Erfahrung. Auch hier gilt: eine solide Vorbereitung ist das A & O für eine Verhandlung. Im Vorfeld sollte die eigene Kalkulation geläufig sein. Sie sollten sie so gut kennen, dass Sie Schwachpunkte in der Argumentation des Einkäufers erkennen. Darauf aufbauend können Sie dann auf die Punkte eingehen, die Ihr Produkt von dem der Konkurrenz unterscheiden und warum deshalb Ihr Preis bzw. Ihre Konditionen gerechtfertigt sind.

Taktik 9: Rückzugsszenario
Überzogene Forderung aufbauen

Das Rückzugsszenario ist eine weitere Taktik, die wir Ihnen vorstellen wollen. Sie ist nicht leicht zu erkennen. Ihnen als Verkäufer wird erst das Wort überlassen – eine Selbstverständlichkeit in einer Verkaufsverhandlung, ist diese doch genau dazu da: Ihr Produkt an den Mann, den Einkäufer, zu bringen.

Wie es in einer Verkaufsverhandlung zu erwarten ist, sind Sie als Verkäufer zuerst am Zug. Sie stellen Ihr Produkt vor, beschreiben seine Vorzüge und den Nutzen, die der Einkäufer und damit sein Unternehmen haben werden. Folgerichtig kommen Sie am Schluss bei einem Preis für das Produkt und dessen Lieferung an, den Sie für gerechtfertigt halten und der dem Rahmen Ihrer Möglichkeiten und der Ihres Unternehmens entspricht.

Der Einkäufer wird Sie zunächst reden lassen. Er wird sein Verständnis für die Höhe Ihrer Forderung signalisieren und möglicherweise auch, dass er zu Zugeständnissen in Ihre Richtung bereit ist. Und doch wird er Ihre Forderung ablehnen, sich also aus dem Geschäft zurückziehen. Er versucht auf diese Weise, Ihre im Vorfeld genau berechnete Forderung als überzogen darzustellen und wird mit eigenen Zahlen versuchen, Sie davon zu überzeugen, dass Ihre Vorstellungen Ihr Produkt betreffend, übertrieben sind.

Es ist nicht einfach, diese Taktik als solche zu erkennen, denn natürlich gehen Sie bei Ihren Forderungen davon aus, dass diese berechtigt sind, ebenso, dass Ihr Kunde nicht sofort einverstanden sein wird. Sie haben sich daher auf das Gespräch vorbereitet und Lieferung, Konditionen und Produktpreis durchgerechnet. Doch meist haben Verkäufer nicht alle Informationen, über die der Einkäufer in einem solchen Gespräch verfügt. Besonders, was die Preise der Mitbewerber angeht, sind Lieferanten oft im Nachteil. Es besteht also die Gefahr, dass die Gegenforderung des Einkäufers zunächst als real angenommen wird statt als das, was sie ist: eine Taktik. Erkennbar ist die Vorgehensweise erst dann, wenn der Einkäufer seine Zugeständnisse oder auch sein Verständnis für die Höhe der Forderung des Verkäufers signalisiert, aber dennoch einen eigenen Vorschlag macht, die nicht den Wunschvorstellungen des Lieferanten entspricht. Diese basiert jedoch auf seinen eigenen Zahlen, zudem wird der Einkäufer es so darstellen können, dass er Ihnen mit seinem Vorschlag entgegenkommt.

Ziel dieser Taktik ist ähnlich wie bei der Überraschungstaktik, dass Sie verunsichert werden. Lassen Sie das nicht zu und hinterfragen Sie die Forderungen auf der sachlichen Ebene: Wie kommt die Höhe des vom Einkäufer vorgeschlagenen Preises zustande, woraus setzt sie sich genau zusammen? Bauen Sie darauf Ihre eigene Argumentation auf. Versuchen Sie, mittels Fragen zu erkunden, warum der Einkäufer diese Taktik gewählt hat. Ist wirklich ein – für den Einkäufer und sein Unternehmen – zu hoher Preis das Problem? Oder versucht der Einkäufer, damit eine andere Problemstellung zu kompensieren?

Geht der Einkäufer auf Ihre Fragen ein, können Sie mithilfe seiner Antworten versuchen, die eigentliche Forderung des Einkäufers in Erfahrung zu bringen und auf diese einzugehen. So kann ein echter Kompromiss geschlossen und das Geschäft zu gegenseitiger Zufriedenheit abgeschlossen werden.

Taktik 10: Unwissenheitspreis
Unerfahrenen bzw. unwissenden Verkäufer übervorteilen

Das Ziel des Einkäufers ist es bei dieser Methode einen Vorteil daraus zu ziehen, dass es sich bei seinen Verhandlungspartnern um neue und unerfahrene Verkäufer handelt. Trifft ein Einkäufer auf ein unsicheres Gegenüber, sieht er eine einfache Möglichkeit, seine Forderung zu verhandeln. Ein unerfahrener Verkäufer kann das im Zweifelsfall nicht nachvollziehen. Ebenso ist es möglich, dass der Einkäufer mit falschen Vorgaben operiert. Damit sind angebliche Zugeständnisse des Vorgängers des Verkäufers beim letzten Verkaufsgespräch gemeint.

In jedem dieser Fälle macht sich der Einkäufer die Unerfahrenheit oder das fehlende Wissen seines Verhandlungsgegners zunutze. Er bringt Argumente oder mündliche Vereinbarungen ins Spiel, die der andere nicht kennt bzw. die er im Moment nicht nachprüfen kann. Es scheitert also selten an der mangelnden Vorbereitung. Gerade im Bereich Vertrieb gibt es eine hohe Personalfluktuation, die es dem Einkäufer erleichtert, seine Forderungen durchzubringen. Der ständige Personalwechsel bringt sehr häufig einen Wechsel der Kundenzuständigkeit mit sich. Es ist daher durchaus möglich, dass ein Verkäufer unter diesen Bedingungen nicht bis ins letzte Detail informiert ist. Daher kann es passieren, dass ein Einkäufer annimmt, ein neuer Vertriebler sei in Unkenntnis über die Absprachen seines Vorgängers.

Das Ausnutzen dieser Informationslücke durch den Einkäufer ist für sein Gegenüber kaum zu realisieren. Wenn er es dann bemerkt, sind die Absprachen in der Regel gelaufen. Sollte Ihnen etwas Derartiges passieren, agieren Sie vorsichtig. Machen Sie Ihre Zugeständnisse nur auf Basis Ihnen vorliegender Fakten. Die Verifizierung solch angeblicher Zugeständnisse ist nur durch Rücksprache mit dem entsprechenden Kollegen möglich, vorausgesetzt, dieser ist noch Mitarbeiter Ihres Unternehmens. Versuchen Sie, während der laufenden Verhandlung angebliche frühere Absprachen zu überprüfen, womöglich noch per Telefonanruf im Beisein des Einkäufers. Der Haken: Sie zeigen damit auch mangelnde Entscheidungskompetenz. Das ist ein Umstand, der Ihrer Argumentation kaum zuträglich sein dürfte.

Die völlige Entkräftung einer solchen Taktik – gerade als Neuling – ist in der Regel nur dann möglich, wenn man weit vor der Verhandlung Maßnahmen ergreift. Findet in Ihrem Unternehmen ein Wechsel in der Kundenbetreuung oder der Kundenzuständigkeit statt, ist zwingend ein ausführliches Übergabegespräch notwendig. Fertigen Sie ein Übergabeprotokoll an, in dem Fakten und Zugeständnisse vermerkt werden. Das ist insbesondere dann von Vorteil, wenn diese von der Verhandlungsnorm des Unternehmens abweichen oder besonders für das Unternehmen des Einkäufers gelten. Machen Sie sich Notizen zu eventuellen Kommentaren, die während der Übergabe fallen. Das können Bemerkungen über den Einkäufer selbst sein, wie „raucht gern",

„trinkt gern Wasser statt Kaffee" oder „macht gern abfällige Witze". Auch Hinweise auf die vom Einkäufer in der Vergangenheit eingesetzten Taktiken sind nützliche Informationen. Natürlich müssen auch mündliche Absprachen in diesen Protokollen festgehalten und dokumentiert werden.

Sollte dafür keine Zeit oder keine Gelegenheit sein, ist es sehr zu empfehlen, dass unerfahrene Verkäufer von einem erfahrenen Kollegen begleitet werden. Zu ihrem eigenen Schutz dürfen Erstere im Gespräch nicht entscheiden. Vorbildliche Unternehmen kommunizieren einen solchen Wechsel dem Einkäufer bereits im Vorfeld. Das macht einen guten Eindruck, signalisiert Interesse an Kontinuität und beugt Missverständnissen vor.

Eine Alternative wäre, beim ersten Gesprächstermin eines neuen Kollegen ein nachgelagertes Übergabegespräch zu führen – vorausgesetzt, der Vorgänger des neuen Verkäufers ist ebenfalls anwesend.

Taktik 11: Fauler Kompromiss
Kompromiss bei unterschiedlichen Zielvorstellungen

Kompromisse sind in Verhandlungen meist unvermeidlich. Das ist besonders der Fall, wenn die Verhandlungsgegner unterschiedliche bis stark abweichende Zielvorstellungen haben. Um trotzdem einen Erfolg zu erzielen, gilt es, flexibel zu sein. Es ist von Vorteil, die eigenen Zielvorstellungen so genau zu kennen, dass ein Anpassen möglich wird.

Dennoch sind faule Kompromisse in Verhandlungen keine Seltenheit. Sie können ebenso eine Taktik darstellen, mit der die Verkaufsgespräche beendet werden sollen. Diese Vorgehensweise basiert auf dem Sprichwort: „Besser ein Spatz in der Hand als die Taube auf dem Dach!" Der Gegner setzt darauf, dass er mit einem Kompromiss zu einem schnellen Abschluss kommt.

Oft wird die Taktik von Einkäufern angewendet, wenn sie unter hohem Druck stehen. Möglicherweise haben sie verbindliche Vorgaben von ihrem Vorgesetzten bekommen. Es ist ebenfalls möglich, dass zuvor ein Verkaufsgespräch mit einem Wettbewerber eskalierte. Manchmal geschieht es auch vor dem Hintergrund, dass Mitbewerber des Einkäufers zu höherem Umsatz drängen oder anderweitig Handlungs- oder Aktionsdruck besteht. Erkennbarer Fakt für Sie als Lieferant und Verkäufer ist jedoch, dass die Verkaufsgespräche offenbar möglichst kurzfristig und ohne Reibungsverluste beendet werden sollen.

Christian musste sich ebenfalls mit dieser Vorgehensweise auseinandersetzen. Es war wieder der Einkäufer, der ihm schon mithilfe der Treppentaktik bessere Konditionen hatte abringen können. Damals hatte Christian die ausgehandelten und auf 50 Filialen ausgelegten Konditionen neu verhandeln sollen, denn der Einkäufer bot an, dass Christians Firma 50 weitere Filialen beliefern könne.

Er war also vor der Vorgehensweise des Einkäufers gewarnt. Der Einkäufer wirkte hektisch bei diesem Verhandlungsgespräch. Er müsste kurzfristig ein weiteres Produkt ins Sortiment aufnehmen, da der Wettbewerb ein ähnliches erfolgreich vertreibt. Für seine 100 Filialen würde er Christian seine Produktalternative abnehmen, jedoch nur zu den Konditionen, die vor ein paar Monaten vereinbart worden waren. Als Christian zu kalkulieren anfing und für bessere Bedingungen argumentieren wollte, gab der Einkäufer zu erkennen, dass es keine Zeit zum langen Verhandeln gäbe. Christian müsste sich entscheiden, ob der den „Deal" wollte oder nicht, da der Einkäufer sich sonst nach einem anderen Lieferanten umsehen müsste. Die Zeit dränge eben. Für Christian war es ein Kompromiss. Auf der einen Seite konnte er eine weitere Ware im Sortiment platzieren, jedoch waren die Konditionen eher ungünstig und würden nachverhandelt werden müssen.

Ein Kompromissvorschlag ist eher ein Indikator für den Druck, unter dem der Einkäufer steht. In Christians Fall ist

Verhandlungstaktiken – auch Ihre ist dabei

dieser Druck sogar offen ausgesprochen worden. Was als Vorteil verkauft wird, ist für den Verkäufer eher nachteilig. Christian bemerkte noch während des Gesprächs, dass sich die Belieferung von 100 Filialen um ein weiteres Produkt gut anhört, sich dieser Vorzug aber schon beim kalkulatorischen Überschlag ungünstig darstellt. Diese Taktik ist also verhältnismäßig deutlich erkennbar. Dem Einkäufer ist daran gelegen, die Gespräche mit Ihnen zu einem möglichst guten Ende zu bringen. Ein gutes Zeichen für Sie! Es ist gerade dann für Sie von Vorteil, wenn die gegensätzlichen Zielvorstellungen in einer festgefahrenen Verhandlung nicht abgebrochen werden. Dann hat der Einkäufer ein hohes Maß an Eigeninteresse und Ihre Chancen auf einen Abschluss steigen in diesem Gespräch.

Darauf aufbauend können Sie nun selbst eine Strategie entwickeln. Für solche Fälle sollten Sie ein „Add-on" bereithalten, also einen zusätzlichen Leistungsnutzen für den Einkäufer. Somit hat er einen klaren Nutzen, der Ihnen jedoch nicht wehtut. Im Gegensatz zu einem unbefriedigenden Kompromiss wirkt sich das für beide Seiten positiv aus.

Machen Sie sich den Handlungsdruck, den der Einkäufer mit diesem vorschnellen Kompromissvorschlag offenbart, in jedem Fall zunutze. Aber vergessen Sie dabei nicht, dass Ihr Gegner ebenso gern mit Ihnen Geschäfte machen soll. Vermeiden Sie, seine Lage unüberlegt auszunutzen und ziehen Sie ihn nicht „über den Tisch". Sie zerstören damit Ihre eigene Reputation und damit einen Vorteil, den Sie nicht unterschätzen sollten.

Taktik 12: Herdeneffekt
Parallele Verhandlung

Was ein Herdentrieb ist, ist wohl jedem geläufig. Dieses Phänomen liegt der nächsten Vorgehensweise zugrunde. Beim Herdeneffekt handelt es sich um eine Taktik, die sowohl sachorientiert als auch emotional bewertet werden kann. Im ersten Fall ähnelt sie der Vergleichsverhandlung, die wir bereits zuvor charakterisierten. Man kann den Herdeneffekt auch als parallele Verhandlung bezeichnen. Der Einkäufer setzt alle beteiligten Lieferanten durch diese Vorgehensweise besonders unter zeitlichen Zugzwang. Der Hebel besteht darin, dass der Einkäufer die von verschiedenen Wettbewerbern eingebrachten Informationen gegeneinanderstellt – wie das auch in der Vergleichsverhandlung der Fall ist.

Ein weiterer Aspekt kommt hinzu: die Zeit. Der Einkäufer setzt im Zweifelsfall nicht nur die angebotenen Preise und Konditionen ins Verhältnis. Er erhöht zusätzlich den Druck auf die potenziellen Lieferanten, indem er ihnen keine Zeit lässt, alle Szenarien vollständig und richtig gegeneinander abzuwägen. So verstärkt sich der Zugzwang zum Handeln. Ohnehin ist die Ausgangslage der Verhandlung davon geprägt, dass mehrere Mitbewerber im Spiel sind.

Um den Zeitdruck besonders wirksam aufzubauen, wird der Einkäufer eine Verhandlung oder eine Ausschreibung gleichzeitig mit mehreren Lieferanten führen. Hinzu kommt wahrscheinlich, dass der Zeitrahmen von Beginn an eng definiert ist. Der Idealfall für den Einkäufer besteht dann, wenn die Verhandlungen mit allen potenziellen Lieferanten parallel laufen. So kann er für sich die ihm angebotenen Preise und Konditionen am vorteilhaftesten vergleichen und dies auch gleich – als Taktik – allen Lieferanten so kommunizieren. Zu erkennen ist diese Taktik sehr einfach. Ja, es handelt sich sogar um einen der wenigen Fälle, in denen Ihnen die Verhandlungsumstände mitgeteilt werden. Diese Informationen sind Bestandteil der Taktik, da Sie als Lieferant gleich unter Druck geraten sollen.

Es ist schwierig, sich in dieser Ausgangslage zur Wehr zu setzen. Wie schon bei einigen anderen Taktiken ist eine gute Vorbereitung der eigenen Daten und eine gute Kenntnis des gegnerischen Unternehmens unerlässlich. Es ist absolut notwendig, alle Rahmenbedingungen und Fakten zu kennen und beurteilen zu können, selbst, wenn der Einkäufer neue Informationen einfließen lässt. Tut er das, können Sie davon ausgehen, dass andere Verkaufsgespräche parallel stattfinden. Seien Sie darauf gefasst, dass sich sowohl Themen als auch Objekte der Verhandlung spontan ändern können. Wir weisen hier auf die bereits besprochene „Überraschungstaktik" hin!

Sollte man Ihnen ein „Die anderen machen es aber so!" entgegensetzen, hilft nur eines: Lassen Sie sich nicht auf einen Vergleich mit den anderen ein. Diesen Rat haben Sie auch schon bei anderen Taktiken als Gegenmaßnahme gehört. Es ist jedoch das probateste Mittel, um dem Vorhaben des Einkäufers zu beggnen. Denken Sie an die SWOT-Analyse: Sie sollten sich bereits im Vorfeld über die Stärken, Schwächen, Chancen und Risiken des eigenen Produkts im Klaren sein. Erstellen Sie mithilfe der SWOT-Analyse eine Liste von mindestens zehn Punkten, die für Ihr Produkt und für die Geschäftsbeziehung mit Ihnen sprechen: „Zehn Gründe, warum mein Produkt den Preis wert ist!" Das klingt banal. Sie können jedoch gewiss sein, dass wir über die Jahre bei Verhandlungen genau das vermisst haben. Selbst Verkaufsprofis sahen sich in einigen Situationen außerstande, die Vorzüge ihrer Produkte zu benennen.

Achten Sie bei der Erstellung der Liste auf folgenden Punkt: Welche Stärke erwächst dem Kunden aus der Belieferung mit Ihrem Produkt? Weisen Sie auf das – oder besser noch die – Alleinstellungsmerkmale Ihrer Ware hin! Es klingt selbstverständlich, die Praxis zeigt ein anderes Bild. Beachten Sie bitte auch, dass bei der Erstellung einer solchen Zehn-Punkte-Liste eine hohe Objektivität vonnöten ist. Es ist weniger entscheidend, was Sie persönlich an Ihrer Ware schätzen, vielmehr sollten Sie Punkte aufschreiben, die objektiv vergleichend den Vorsprung zum Wettbewerb ausmachen. Nehmen Sie einen Wahrnehmungs-Perspektivwechsel vor: Gehen Sie geistig einen Schritt hinter sich selbst zurück und betrachten Sie die aufgezählten Gründe aus der Sicht Ihres Kunden. Was könnte der Einkäufer kritisieren? Gibt es Punkte, die der Einkäufer absichtlich außer Acht lässt, um die Vorteile abzuschwächen? Welche Argumente könnte der Einkäufer mit dem Satz: „Der Wettbewerb macht es ebenso, dass ..." anführen? Ist jeder Ihrer analysierten Vorteile auch für einen Einkäufer ein guter Grund, sich für Sie zu entscheiden? Oder scheint es für Sie als Lieferant nur so zu sein? Mit einer solchen Liste sind Sie nicht nur beim Herdeneffekt vor Überraschungen sicher.

Taktik 13: Preis der Abhängigkeit
Nachfragemacht aufbauen

Die Taktik „Preis der Abhängigkeit" ist ebenso sowohl eine sachorientierte als auch eine emotionale Vorgehensweise in einer Verhandlung. Der Einkäufer setzt den Verkäufer durch seine Forderungen so stark unter Druck, dass man schon von einer Existenzbedrohung sprechen kann. Es geht nicht mehr nur um die reinen Zahlen, sondern auch darum, den Verkäufer persönlich, also emotional, zu „packen". Diese Taktik sieht vor, dass der Lieferant keine nachhaltigen Gegenargumente mehr einsetzen kann. Er hat dabei keine Chance, irgendetwas für sich als Gewinn zu verbuchen. Ein versierter Einkäufer kann diese Taktik ohne lange Vorbereitung effizient in die Tat umsetzen.

Meist wird der Einkäufer dem Lieferanten im Gespräch aufzeigen, dass er keine Alternative hat, als die Forderungen anzunehmen. Dem Verkäufer soll klargemacht werden, dass die Macht beim Einkäufer und seinem Unternehmen liegt. Unmissverständlich wird dem Verkäufer verdeutlicht, dass es nicht an ihm ist, Forderungen zu stellen. Aufgrund dieser Abhängigkeit kann der Lieferant es sich nicht leisten, auf das Unternehmen des Einkäufers als Kunden zu verzichten. Solche Situationen entstehen dann, wenn ein Unternehmen seinen Umsatz mit nur wenigen Kunden macht. In der Getränkeindustrie sind besonders Mineralwasserbrunnen in diese Lage gekommen. Ein Brunnen beliefert beispielsweise nahezu einen einzigen Kunden. Bricht dieser Kunde weg, ist das für den Brunnen fatal und ein Ersatz ist selten sofort gefunden. Wissen Einkäufer von diesem Umstand, haben sie alle Vorteile auf ihrer Seite.

Diese Taktik ist klar zu erkennen, weil sie offen angesprochen wird. Dem Verkäufer soll schließlich möglichst unmissverständlich klargemacht werden, in welch unterlegener Position er sich befindet. Man könnte auch sagen, es wird sehr deutlich gemacht, wer in diesem Verkaufsgespräch am sprichwörtlich längeren Hebel sitzt. Dass diese Vorgehensweise langfristig dem Einkäufer und seinem Unternehmen nicht unbedingt zum Vorteil gereicht, haben wir bereits in den ersten Kapiteln unseres Buches dargelegt. Doch wird diese Taktik vom Einkäufer angewandt, braucht der Lieferant eine sehr klare Strategie, um sich dagegen effizient zur Wehr setzen zu können. Es gilt, noch weit vor Verkaufsverhandlungen eine sehr genaue Kundenpotential-Analyse vorzunehmen.

Zunächst sollten Sie als Verkäufer sich selbst gegenüber ehrlich sein. Stehen Sie zum Kunden tatsächlich in einem Abhängigkeitsverhältnis? Wenn ja, wie weit reicht diese Abhängigkeit? Erzielt die eigene Firma wirklich einen Großteil des Umsatzes mit diesem Kunden? In diesem Fall sollten Sie wieder auf die bereits in der vorigen Taktik beschriebene „Zehn-Punkte-Liste" zurückgreifen können, um wenigstens einen Teil Ihrer Vorstellungen durchsetzen zu können.

Ebenso empfehlen wir Folgendes immer im Hinterkopf zu behalten, falls der Einkäufer Sie mit der Taktik der Abhängigkeit konfrontiert: ein bedeutender Ausstieg aus einer Geschäftsbeziehung muss in den meisten Fällen von der Einkaufsleitung beziehungsweise der Geschäftsleitung abgesegnet werden. Es stellt sich daher die Frage, ob der Einkäufer – Ihr direkter Verhandlungsgegner – überhaupt befugt wäre, die letzte Konsequenz durchzusetzen. Damit ist die Androhung gemeint, das Geschäftsverhältnis aufzukündigen. Besteht er darauf, sollten Sie das Gespräch freundlich, aber bestimmt an dieser Stelle abbrechen und um einen neuen Termin bitten. Bei diesem neuen Verkaufsgespräch sollte dann allerdings mit den tatsächlich zuständigen Stellen verhandelt werden, der Einkaufs- oder der Geschäftsleitung. Bis zu diesem Zeitpunkt laufen die Geschäfte weiter und es ist noch nichts entschieden.

Taktik 14: Eine Hand wäscht die andere
Forderung auf Ziele des Verkäufers aufbauen

Diese Vorgehensweise in der Verhandlung operiert rein emotional. Bisher haben Sie sachorientierte oder emotional/sachliche Taktiken kennengelernt. Die Forderung baut direkt auf den Zielen des Verkäufers auf und soll vordergründig eine Win-Win-Situation widerspiegeln. Sie hat also einiges mit den Taktiken „Fauler Kompromiss" gemeinsam. Allerdings beruhen diese beiden eher auf konkreten Zahlen, während „Eine Hand wäscht die andere" mehr auf eine moralische Abhängigkeit setzt.

Diese Taktik bedingt, dass dem Einkäufer die Ziele des Lieferanten bekannt sind. Ein erfahrener Einkäufer wird bei dieser Vorgehensweise zunächst die Ziele des Verkäufers oder Lieferanten analysieren. Anschließend bereitet er darauf basierend seine Argumentation geschickt vor. Es ist wahrscheinlich, dass der Einkäufer einen scheinbaren Kompromiss zugunsten des Verkäufers eingeht oder diesem günstigere Konditionen in der Zukunft in Aussicht stellt. Falls der Lieferant darauf eingeht, kann der Einkäufer diesen moralisch verpflichten, auch weiterhin mit ihm zusammenzuarbeiten. Indem er also die Ziele des Verkäufers ganz oder teilweise erfüllt, versucht der Einkäufer, den Verkäufer über moralische Zwänge von sich abhängig zu machen.

Natürlich hat unser Verkäufer Christian ebenfalls diese Erfahrung machen müssen. Christian akquirierte einen Kunden. Der erste Auftrag war eine „runde" Sache. Es wurde sachlich verhandelt. Christian konnte bestimmte Taktiken erkennen. Durch Gegenmaßnahmen gelang es ihm auch, ein befriedigendes Ergebnis zu erzielen. Von der menschlichen Ebene betrachtet war Christian der Einkäufer ebenfalls sympathisch.

Unerwartet erhielt Christian vom Einkäufer nach den Verhandlungen einen Anruf. Er wolle einen Folgeauftrag platzieren, da die Waren von Christian sich gut verkaufen ließen. Wieder starteten die Verhandlungen in einer guten Atmosphäre. Der Einkäufer wusste, was er von Christian wollte und sprach Produkte gezielt an. Dazu formulierte er gleich seine Forderungen. Diese waren deutlich schlechter als beim ersten Auftrag. Christian rechnete im Kopf hin und her und kam zu dem Schluss, dass er das Geschäft mit dem sympathischen Einkäufer ausschlagen müsse. Da Christian allerdings an einem Geschäft interessiert war, machte er dem Einkäufer ein Gegenangebot. Er macht deutlich, dass dieses sich an der Schmerzgrenze bewege. Der Einkäufer zeigte sich verständnisvoll. Er wolle Christians Angebot annehmen, jedoch wolle

Verhandlungstaktiken – auch Ihre ist dabei

er für bestimmte Produkte Naturalrabatte und einen einmaligen Sonderrabatt dazu. Bevor Christian wieder zu überlegen anfing, sicherte der Einkäufer ihm einen weiteren Folgeauftrag zu. Zwar war Christian etwas unzufrieden, aber aufgrund der Zusicherung, ein weiteres Geschäft abschließen zu können, willigte er ein.

Es dauerte tatsächlich nicht lange, da meldete sich der Einkäufer erneut. Er hielt Wort und wollte eine neue Order verhandeln. Viel zu verhandeln gab es nicht. Es waren die gleichen Produkte zu den bekannten Konditionen. Scheinbar war alles klar, doch dann sagte der Verkäufer, dass er noch eine bestimmte Zusatzleistung wünsche. Eigentlich war damit die Schmerzgrenze von Christian überschritten. Das letzte Angebot hatte sich bereits im Grenzbereich befunden. Christian war im Zwiespalt. Auf der einen Seite wollte der dem Kunden ungern eine Absage erteilen und den sympathischen Einkäufer nicht enttäuschen. Doch auf der anderen Seite signalisierte Christians Verstand, dass es sich im Prinzip um ein Verlustgeschäft handele. Er war in eine moralische Falle getappt.

Sie sehen, diese Vorgehensweise ist schnell durchschaubar, da Sie ja derjenige sind, der seine Ziele am besten kennen sollte. Wenn Ihr Verhandlungsgegner seine Argumentation darauf aufbaut, wissen Sie rasch, woran Sie sind.

Wie beim „Faulen Kompromiss" sollten Sie als Gegenmaßnahme in so einem Fall genau abwägen, ob die angebotenen Gegenleistungen des Einkäufers die Investition rechtfertigen, die von Ihnen verlangt wird. Genauso verweisen wir wieder auf die exakte Analyse des eigenen Angebots.

Verhandlungstaktiken – auch Ihre ist dabei

Ferner gehört eine ebenso genaue Recherche von Markt und Verhandlungsgegner dazu. Lernen Sie, Ihren Feind zu identifizieren! Dazu gehört jedoch auch, dass Sie Ihre eigenen Fakten bestens kennen. Nur dann sind Sie in der Lage, Ihrerseits Angebote machen zu können, die eben keine „Faulen Kompromisse" sind. Das ist die Basis, damit sowohl Sie als auch Ihr Gegner mit einem echten Plus aus dem Verkaufsgespräch gehen können.

Taktik 15: Freundschaftspreis
Freundschaft bilden

Auch dieses Verhandlungsmittel ist nicht sachorientiert und basiert daher nicht auf konkreten Zahlen. Sie als Mensch sollen mit dieser Verhandlungsmethode in den Mittelpunkt gestellt werden. Zusammen mit dieser Vorgehensweise wird der Einkäufer jedes Mittel nutzen, um Sie beziehungsweise Ihr Unternehmen als seinen Freund darzustellen. Mit Speck fängt man eben Mäuse! Ein freundschaftliches Verhältnis wird aufgebaut, in dem es sich leichter verhandeln lässt. Vielleicht werden Sie auch auf Ihr Privatleben oder auf gemeinsame Interessen angesprochen. Zugegeben, das sind Verhandlungsumstände, die das Tagesgeschäft angenehm gestalten. Doch es ist Vorsicht geboten!

Ist Sympathie aufgebaut oder wurden gemeinsame Interessen aufgezeigt, wird auf diese angebliche „Freundschaft" verwiesen, wenn es an die Verhandlungen selbst geht.

In Wahrheit geht es dem Einkäufer nur darum, diese freundschaftliche Beziehung zu seinem Vorteil auszunutzen.

Es sollen bessere Konditionen für den Einkäufer erreicht werden. Zusätzlich entsteht für den Lieferanten auch eine moralische Verpflichtung. Sie erinnern sich an Christian, der in die moralische Falle lief. Einem Freund überlässt man Dinge schon einmal billiger. Ferner kommt man dem „Freund Einkäufer" auch aus dem Grund entgegen, dass dieser einen in Zukunft ähnlich gut behandelt.

Diese Taktik ist teilweise schwer zu erkennen. Oft stellt sich der wahre Charakter erst nach außen hin dar, wenn diese listenreiche Vorgehensweise bereits greift – einem Zeitpunkt, an dem die Beziehung, das Gespräch mit dem Gegenüber bereits von der angeblichen Freundschaft geprägt ist. Die Enttäuschung ist vorprogrammiert: Wenn der Lieferant dann direkt mit der Vorgehensweise des Einkäufers – beziehungsweise mit deren Ergebnissen – konfrontiert wurde, ist die eigentliche Geschäftsbeziehung nachhaltig gestört. Das wirkt sich mit Sicherheit ebenso auf zukünftige Verhandlungen aus.

Die Gegenmaßnahme kann daher nur von Anfang an angewandt werden. Ein freundschaftliches bzw. gutes Verhältnis zum Kunden, zum Einkäufer ist – idealerweise – sehr sinnvoll, eine feindliche und abwehrende Haltung wenig förderlich. Dennoch: Es ist sehr ratsam, geschäftliche und private Angelegenheiten strikt voneinander zu trennen. Falls der Eindruck entsteht, der Einkäufer wolle das positive Verhältnis ausnutzen, um einen Vorteil herauszuschlagen, sollte das offen angesprochen werden. Je nach Intensität der Vorgehensweise des Einkäufers ist zu überlegen, das Verhältnis strikt auf die geschäftliche Zusammenarbeit zu reduzieren. Sie kehren damit wieder ein gutes Stück auf die Sachebene zurück.

Taktik 16: Bad-Guy-Taktik
Hilfe einfordern für eigene Zielvorgaben

Die Bad-Guy-Taktik ist ebenfalls eine emotionale Vorgehensweise. Sie versucht, den Verhandlungsgegner moralisch zu verpflichten. Hier bringt sich der Einkäufer in eine Opferrolle und schiebt damit die Schuld für unangenehme Konditionenforderungen von sich fort. Der Lieferant soll so gezwungen werden, Lieferbedingungen und Preise zu vergünstigen.

Bei dieser Verhandlungsmethode ist das Ziel besonders gut auszumachen: Von den klaren Vorgaben, die nachvollziehbar sind – nämlich schlechte Konditionen und zu hohe Forderungen zu Ungunsten des Verkäufers – wird das Verkaufsgespräch auf eine emotionale Ebene gelenkt. Der Helferinstinkt des Lieferanten wird angesprochen.

Schließlich hat nach Darlegung des Einkäufers sein Vorgesetzter oder die Geschäftsleitung Schuld an dieser überzogenen Forderung. Diese sind in der eigentlichen Verhandlung natürlich nur selten anwesend. Der Einkäufer hat den Vorteil, die Zahlen kaum sachorientiert untermauern zu müssen. Eine Überprüfung der Aussage ist durch Rückfragen aufgrund der Abwesenheit der verantwortlichen Entscheider unmöglich. Der Einkäufer selbst muss es nicht und ist damit von vornherein reingewaschen.

Zu erkennen ist diese Taktik leicht. Der Einkäufer spricht sein „Problem" direkt an. Er verweist bei Versuchen des Verkäufers, die überzogenen Konditionsforderungen und Zielvorgaben mit Sachargumenten zu entkräften, auf seine eigenen Zwänge. Gleichzeitig wird er die Forderung von Zugeständnissen an den Lieferanten als notwendige Hilfe bezeichnen. „Hilfe" ist immer ein gutes Mittel, um sein Gegenüber in die moralische Pflicht zu nehmen. Wer möchte schon als unsozial gelten und einen anderen Menschen im Stich lassen?

Lassen Sie sich daher nicht in die moralische Pflicht nehmen! Lehnen Sie die hohen Forderungen des Einkäufers ab. Ziehen Sie dennoch in Erwägung, dass der Einkäufer tatsächlich drastische Vorgaben bekommen hat. Das liegt im Rahmen der Möglichkeiten. Wir raten in solchen Situationen: unterstützen Sie den Einkäufer nach Möglichkeit. Fordern Sie eine entsprechende Gegenleistung ein. Die moralische Pflicht, in die Sie genommen werden sollen, können Sie zum eigenen Vorteil nutzen. Kommen Sie dem Einkäufer entsprechend entgegen, steht er letztendlich in Ihrer Schuld. Das können Sie in zukünftigen Verhandlungen als Ihr taktisches Mittel einsetzen.

Verhandlungstaktiken – auch Ihre ist dabei

Taktik 17: 11. September
Verhandlung auf Negativ Ereignisse aufbauen

Bei dieser Vorgehensweise steht erneut die moralische Pflicht als Methode im Mittelpunkt. Die Verhandlungen werden auf Negativ-Ereignissen aufgebaut. Eine aus Sicht des Lieferanten zu hohe oder gar überzogene Forderung wird damit begründet, dass das Unternehmen des Einkäufers kürzlich Verluste hat hinnehmen müssen. Die Gründe für diesen Verlust können vielfältig sein, Brandschaden, Überschwemmungen, Streik. Fazit all dieser Darlegungen Seitens des Einkäufers ist, dass die erhöhten Leistungsforderungen nicht seine Schuld sind. Nach seiner Darstellung sind sie notwendig, er kann sie nicht beeinflussen. Kennzeichnend ist, dass das schlechte Ereignis, das für die Notlage sorgte, selten direkt etwas mit dem Geschäft zu tun hat.

Christian geriet ebenfalls in eine solche Verhandlungssituation. Er musste zu einem langjährigen Kunden. Der Einkäufer empfing Christian bereits in gedrückter Stimmung. Er entschuldigte sich dafür und erklärte, dass es im Unternehmen zu einem massiven Störfall gekommen sei. Zur Bekräftigung seiner Erzählungen und Erhöhung der Dramatik schob er Christian eine aufgeschlagene Zeitung zu. In einem Artikel wurde von einem verheerenden Brand in einem Gewerbegebiet berichtet. Zwar sei das Unternehmen des Einkäufers nicht direkt betroffen gewesen, doch es unterhalte dort ein großes Lager. Der Kollateralschaden durch den Brand und der Löscharbeiten hätten enorme Auswirkungen. Von herben Verlusten im laufenden Geschäftsjahr sei auszugehen.

Durch etliche Verhandlungen hatte Christian dazugelernt. Er reagierte durchaus höflich auf die Erzählungen des Einkäufers, doch er bemerkte, dass eine Taktik vorbereitet wurde, bei der er in die moralische Ecke getrieben werden sollte. Zufällig wusste Christian von dem Brand in dem Gewerbegebiet. Ihm war zudem bekannt, dass das angesprochene Lager zwar in dem Gewerbegebiet lag, aber vom Brandort weit entfernt war. Daher stand für Christian fest, darauf nicht einzugehen.

Nichtsdestotrotz wird diese Methode eingesetzt, um die Hilfe des Verhandlungsgegners in Form von Zugeständnissen einzufordern. Oft geschieht das mit dem Zusatz, dass er im Unterlassungsfall selbst zum Betroffenen wird. Zusätzlich wird die prekäre Lage auch als eine Win-Win-Situation beschrieben. Dem Verkäufer wird aufgezeigt, welchen Anteil er daran zu leisten hat, dass die Situation nicht noch weiter eskaliert. Für den Fall, dass der Verkäufer die geforderte Leistung verweigert, hat der Einkäufer bereits Konsequenzen parat. Diese Vorgehensweise leicht erkennbar, da sie häufig offen kommuniziert wird.

Um dagegen zu steuern, sollten Sie in jedem Fall eine ähnliche Argumentation vorbereiten, soweit es Ihnen möglich ist. Dann bauen Sie Ihre Gegenforderung auf. Wie bei der Bad-Guy-Taktik können Sie Ihren Verhandlungsgegner ebenso durch Zugeständnisse durchaus ein Stück weit verpflichten. Das können Sie natürlich nur so weit, wie es im Rahmen Ihrer Möglichkeiten liegt.

Wenn dennoch negative Konsequenzen angedroht werden, besteht die Möglichkeit des Einlenkens. Verdeutlichen Sie dem Einkäufer, worin Ihre Leistung und damit sein Mehrwert besteht, wenn er das Geschäft mit Ihnen abschließt. Schildern Sie Ihr Angebot „als Unterstützung", das zumindest teilweise auf seine Forderungen eingeht.

Taktik 18: EXIT-Strategie
Auslistung ankündigen

Die EXIT-Strategie ist etwas anders gelagert als die bisherigen Methoden. Dem Verkäufer wird gleich zu Beginn des Verkaufsgesprächs eröffnet, man werde die Zusammenarbeit mit ihm beenden. Während eine Taktik eine Vorgehensweise in einem Gespräch ist, ein Teil der Route zum Ziel, wirkt die EXIT-Strategie derart gesprächsbestimmend, dass man in der Tat schon von einer Verhandlungsstrategie sprechen muss.

Kennzeichnend für diese Taktik ist, dass der Verkäufer gleich von Anfang an in die Defensive gedrückt wird – immerhin teilt man ihm mit, man wolle nicht weiter mit ihm zusammenarbeiten. Meist geschieht das, ohne dass er selbst schon Argumente in die Verhandlung hätte einbringen können. Erst im Gespräch wird sich – wahrscheinlich – herausstellen, dass es doch Möglichkeiten gibt, die Geschäftsbeziehung weiterhin aufrecht zu erhalten. Das Unternehmen des Verkäufers könnte damit weiter zu den Lieferanten zählen. Für den Einkäufer ist die EXIT-Strategie ein einfaches Mittel, mit Druck seine Forderung durchzusetzen. In der Regel handelt es sich um einen Bluff. Daher basiert diese Methode nicht auf Zahlen. Sie zielt darauf, den Verhandlungsgegner so einzuschüchtern, dass dieser es als Erfolg verbucht, wenn die Geschäftsbeziehungen doch noch gerettet werden können.

Es gibt verschiedene Vorgehensweisen, diese Strategie einzusetzen. Eine davon ist, den Lieferanten schon vor dem Gesprächstermin von der angeblichen Auslistung in Kenntnis zu setzen. Nur bei Erfüllung der Forderung wird ein Artikel beziehungsweise das Produkt nicht oder nur teilweise ausgelistet, lautet die Forderung des Einkäufers.

Ob es sich um einen handfesten Bluff handelt, zeigt sich, wenn der Verkäufer die EXIT-Strategie geschickt hinterfragt und daraufhin eine Konditions- oder Leistungsforderung als Antwort bekommt.

In dieser Situation kann der Verkäufer einen Aspekt nutzen und darauf aufbauen: Der Einkäufer ist noch zu einem Gespräch bereit! Sofern ein möglicher Termin nicht generell abgelehnt wird, gibt es durchaus die Gelegenheit einer weiteren Gesprächsrunde. Außerdem müsste die Ablehnung eines Termins mit einer Begründung erfolgen beziehungsweise können Sie nach den Gründen fragen. Es ist davon auszugehen, dass bei Einhaltung des Termins beziehungsweise der Aufrechterhaltung der Einladung die angedrohte Auslistung nicht umgesetzt werden soll. Ebenso ist dies anzunehmen, wenn die Begründung der Drohung erkennen lässt, dass der Einkäufer sich nur oberflächlich mit den Rahmenbedingungen der Geschäftsvereinbarung beschäftigt hat. Ist das zutreffend, so hat der Verkäufer die Möglichkeit, aus der Argumentation für die angekündigte Auslistung konkret eine Gegenmaßnahme zu entwickeln. Wir raten Ihnen, in einer solchen Situation, die Ruhe zu bewahren und zu versuchen, das Gespräch auf sachliches Terrain zurückzuholen.

Ihre Gegenmaßnahmen könnten wie folgt aussehen: Hinterfragen Sie, wie oben bereits erwähnt, welche Gründe zu der angedrohten Auslistung führten. Von enormer Bedeutung ist, dass Sie das Gespräch nicht abbrechen! Nur wenn das Gespräch im Fluss bleibt, besteht auch die Möglichkeit zu verhandeln. Es ist von großer Bedeutung, den Einkäufer das Wort ergreifen zu lassen. Geben Sie ihm die Chance, sich zu erklären.

Die möglichen Antworten führen oft zu einer ganzen Reihe von neuen Ansätzen. Damit können neue Gesprächsrunden initiiert werden. Bei einer derartigen Sachlage ist das probateste Mittel, sich mit jenen Dingen auseinanderzusetzen, die in der Vergangenheit gut funktioniert haben, und dort anzusetzen. Daraus lässt sich der Weg, wie zukünftig verfahren bzw. die Rahmenbedingungen gestaltet werden sollen, ableiten.

In der Vergangenheit verlief alles zufriedenstellend, in der Gegenwart besteht ein Hindernis. Das gilt es nun, gemeinsam zu umgehen beziehungsweise zu lösen. Die Fragen des Lieferanten sollten darauf abzielen, die Natur dieses Hindernisses zu erkunden, damit es durch entsprechende Zugeständnisse aus dem Weg geräumt werden kann. Das bildet die Basis der zukünftigen Geschäftsbeziehung. Wurden in der Vergangenheit Einverständnisse über diverse Punkte wie Lieferbedingungen, Qualität des Produkts oder der billige Preis festgestellt, bietet sich hier ein Ansatz, in dem beide Verhandlungsgegner gemeinsam die zukünftige Geschäftsbeziehung formulieren können.

Taktik 19: Stresstest
Gesprächspartner bewusst unter Druck setzen

Die Taktik Stresstest soll gezielt Zwang initiieren. Diese Vorgehensweise ist wieder emotional angelegt. Es gibt verschiedene Möglichkeiten, den Stresstest anzuwenden. Eine davon ist, direkt zu Beginn eine negative Bemerkung fallenzulassen. Diese soll den Verhandlungsgegner verunsichern, sodass man selbst für den Rest des Gesprächs die Oberhand behält. Solch eine Einstimmung in das Gespräch mag mal mehr, mal weniger negativ sein, soll aber den anderen in jedem Fall aus der Bahn werfen und hat somit einiges mit der Überraschungstaktik zu tun.

Ein anderer Weg, beim Verhandlungsgegner in den ersten Minuten Stress zu erzeugen, kann auch darin bestehen, erst während des Gesprächs Druck auszuüben. Das Thema bzw. die Argumentation, mit der der Verkäufer in so einem Fall konfrontiert wird, hat in der Regel nichts mit der Verhandlung selbst zu tun. Es ist ein reines Druckmittel, um Verwirrung und Verunsicherung auszulösen. Der Stresstest ist in diesem Aspekt der Aufsplittungstaktik ähnlich.

Ziel des Einkäufers ist, sich einen mentalen Vorteil zu sichern und den Gesprächsverlauf zu dominieren. Doch während es bei der Aufsplittungstaktik um tatsächlich zu verhandelnde Preise oder Konditionen geht, wird beim Stresstest ein Thema angesprochen, das mit der Verhandlung nichts oder nur wenig zu tun hat. Zwar hat die Aufspaltung ebenso ein Ablenkungsmoment zum Ziel, dennoch bewegt sich diese Taktik auf der Sachebene.

Egal, wie unterschiedlich die verschiedenen Methoden zur Verunsicherung des Gegners auch sein mögen, beim Stresstest geht es um ausschließlich um eines: um Emotionen. Wie auch immer das Thema lautet, der Verkäufer soll davon mental gebunden werden. Diese Vorgehensweise hat den Verlust eines Großteils der Konzentrationsfähigkeit des Verhandlungsgegners zum Ziel. Das Thema, das besprochen wird, ist dabei oft negativ, aber im Grunde sachlich gesehen absolut zweitrangig. Dennoch involviert es den Verkäufer so stark, dass er geschwächt wird. Vorzugsweise wird – wie zu Beginn beschrieben – gleich zu Beginn der Verhandlung so verfahren. Doch auch im weiteren Verlauf des Verkaufsgesprächs erhält der Verkäufer wenig Gelegenheit, sich zu sammeln und seine Argumente geordnet vorzutragen.

Christian, unser Verkäufer, kam neulich zu einem Geschäftstermin mit dem Einkäufer eines Unternehmens, das er erst seit Kurzem betreute. Dennoch hatte er sich bereits an den Einkäufer gewöhnt und konnte sich auf die Verhandlung einstellen. Während Christian im Besprechungsraum Platz nahm, eröffnete der Einkäufer ihm, dass es Pläne für eine Umstrukturierung in der Firma gäbe. Irritiert fragte Christian nach, wie er dies zu verstehen habe. Der Einkäufer legte gut vorbereitet los. Er erzählte von Überlegungen der Geschäftsleitung, das Unternehmen für die Zukunft rüsten. Dazu bestünde die Idee, den Einkauf auf die eine oder andere Weise neu aufzuteilen. Eventuell kämen betriebsinterne Versetzungen oder Neuanstellungen in Betracht. Der Einkäufer zog Christians volle Aufmerksamkeit auf dieses Thema. Diese Neuorganisation hatte firmenintern zwar bereits öfter im Raum gestanden und war tatsächlich schon öfter im Unternehmen diskutiert worden, hatte aber noch nicht zu konkreten Ansätzen geführt. Das wusste Christian allerdings nicht. Er folgte den Ausführungen und machte sich Gedanken, was solch eine Veränderung für ihn und sein Unternehmen bedeuten könnte. Erst zum gegen Ende des Gesprächstermins kam der Einkäufer auf neue Forderungen zu sprechen. Christian war so abgelenkt, dass er den schnellen Vorgaben seines Verhandlungsgegners nur mühsam folgen konnte. Er hatte weder Zeit noch geistige Reserven und konnte so kaum Gegenargumente anführen. Schließlich war es der Einkäufer, der diesen Geschäftstermin am Ende als Erfolg verbuchen konnte, nicht Christian.

Diese Taktik ist in der Regel relativ schnell zu identifizieren. Spätestens dann, wenn Sie direkt zu Anfang des Gesprächs mit einem bezugsfernen oder auch negativen Thema konfrontiert werden, ist Vorsicht und Wachsamkeit geboten. Haben Sie das identifiziert, können Sie von einer gezielten und beabsichtigten Vorgehensweise des Einkäufers ausgehen. Lassen Sie sich davon nicht beirren. Nehmen Sie die Argumentation des Einkäufers auf und werfen Sie den Ball aber nicht ins gegnerische Feld zurück. Konter ist kontraproduktiv! Entscheidend ist, dass das Gespräch in einem guten, für Sie positiven Fluss bleibt. Machen Sie sich gegebenenfalls Notizen zu Ihren eigenen Gedanken, damit Sie Ihren roten Faden beibehalten können. Verweisen Sie dennoch auf Ihre Überraschung. Artikulieren Sie diese. Christian hätte zum Beispiel nachfragen können, inwiefern die Zukunftspläne seines Kunden den zu besprechenden Verhandlungsgegenstand betreffen. Entweder hätte der Einkäufer sich gegenüber Christian erklären müssen oder das Gespräch wäre weiter das eigentliche Sachthema betreffend geführt worden.

Sollte das überraschend angesprochene Thema in irgendeiner Form mit dem Verhandlungsgegenstand in Verbindung stehen, empfehlen wir ein Handeln nach der Vorgehensweise wie bei der „Überraschungstaktik": Bitten Sie – falls Sie sich nicht ohnehin schon so umfassend vorbereitet haben – um einen neuen Gesprächstermin, bei dem das angesprochene Thema neu aufgegriffen wird. Sie haben das Recht, sich gut vorzubereiten. Führen Sie sich immer vor Augen: Sie als Lieferant stehen immer auf Augenhöhe mit dem Einkäufer!

Taktik 20: Rambo-Taktik
Emotionale Verhandlung

Wie der Name „Rambo" schon vermuten lässt, ist diese Verhandlungsmethode eine der emotionalsten, die Einkäufer in ihrem Repertoire haben. Diese Verfahrensweise beruht nicht einmal scheinbar auf Sachargumenten – auch wenn solche möglicherweise als Mittel zum Zweck benutzt werden. Professionelle und erfahrene Einkäufer setzen diese Vorgehensweise häufig in Verbindung mit anderen Taktiken ein, trennen dabei aber das geschäftliche Interesse von der privaten Ebene. Vielleicht kennen Sie den Spruch nach einer Verhandlung: „Es war nichts gegen Sie persönlich. Es ging rein ums Geschäft." Auffällig ist, dass der Verkäufer dabei verbal sehr aggressiv angegangen wird. Es wird versucht, ihn massiv in Bedrängnis zu bringen, ja einzuschüchtern.

Das kann einerseits mithilfe der anderen bisher beschriebenen Taktiken geschehen. Das Besondere: Die Vorgehensweise ist dabei sehr grob und erinnert eben an den Stil Rambos. Es kann auch geschehen, dass ein Einkäufer irgendwelche Problemthemen aufgreift und künstlich aufbauscht. Das können möglicherweise kleinere Kritikpunkte sein, die den

Ablauf der eigentlichen Geschäftsbeziehung kaum berühren. Im Gegenteil, die Punkte könnten leicht und in Ruhe aus der Welt geschafft werden. Wird diese Taktik vom Einkäufer erstmalig in den Geschäftsbeziehungen eingesetzt, kommt ein gehöriger Überraschungseffekt hinzu. Dieser verwirrt den Verhandlungsgegner zusätzlich und erhöht automatisch den Druck.

Charakteristikum der Rambo-Taktik ist die scheinbare Bestimmtheit, mit der der Verkäufer oder der Verhandlungsgegner persönlich angegriffen werden soll. Meistens werden dafür „Fehler" als Argument angeführt, für die der Verkäufer persönlich verantwortlich gemacht wird.

Eine wesentliche Grundregel als erste Gegenmaßnahme lautet: Nehmen Sie solche Angriffe nicht persönlich. Sicherlich ist das in einer entsprechenden Situation leichter gesagt als getan. Machen Sie sich bewusst, dass es hier gar nicht um mangelnde Sympathie geht. Es geht schlichtweg darum, sich einen Vorteil in der Verhandlung zu verschaffen – und das auf rüde und unhöfliche Weise. Natürlich setzt diese Einstellung auch dann das Bemühen um eine Lösung voraus, wenn man verbal massiv angegriffen wird. Ihre mentale Stärke ist gefordert. Ist diese bei Ihnen schwach ausgeprägt, raten wir Ihnen, dazu ein entsprechendes Seminar oder einen Kurs zu besuchen. Mentale Stärke ist erlern- und trainierbar.

Widerfährt Ihnen dieses Rambo-Verhalten, können Sie die vom Einkäufer angesprochenen Probleme und Argumente aufgreifen. Es kommt nun ganz auf Ihre Bereitschaft an, gezielt auf den Menschen, der Ihnen gegenübersitzt, einzugehen. Verändern können Sie den anderen nicht. Doch Sie können sich dem Gegner und dem Wunsch, der hinter seinem Verhalten steckt, anpassen. Wie das geht, werden wir Ihnen in den folgenden Kapiteln erläutern.

Es liegt an Ihnen, dann alles daranzusetzen, die Streitpunkte zu versachlichen. So erreichen Sie schnellstmöglich

Verhandlungstaktiken – auch Ihre ist dabei

wieder eine sachlichere Atmosphäre und eine faktenbezogene Argumentation. Auf diese Weise ist es möglich, wieder in Ruhe über konkrete Zahlen und Konditionen zu sprechen. Auf keinen Fall sollte Sie als Verkäufer genauso emotional reagieren wie der Einkäufer mit seinen Verbal-Attacken! Bedenken Sie den Grundsatz: Gewalt erzeugt Gegengewalt, die Situation eskaliert. Genauso wenig ist es sinnvoll, das Gespräch umgehend zu beenden. Es ist immer von Bedeutung, dass der Gesprächsfluss aufrecht erhalten bleibt. Nur in einem Gespräch können Sie für einen Gewinn und damit das eigentliche Ziel ganz oder teilweise erreichen. Es gibt immer eine Alternative!

KAPITEL 6

Machen Sie sich die Kraft der Gedanken zu Ihrem Verbündeten

Bisher haben wir Verhandlungen hauptsächlich unter dem Aspekt beleuchtet, welche Gesprächsmöglichkeiten und -mittel Ihr Verhandlungsgegner hat und wie Sie sich dagegen schützen bzw. wehren können. Das ist eine Position, in der Sie eher auf die passive Rolle beschränkt sind.

Aber: Es ist kein in Stein gemeißeltes Gesetz, dass Sie eine solche hinnehmende Rolle einnehmen müssen! Es ist durchaus sinnvoll, ab und an innezuhalten und sich anzusehen: Was kann ich während des Gesprächs aktiv tun, um die Verhandlung in meinem Sinne positiv zu gestalten? Treten Sie aus der passiven Position heraus und wechseln Sie ins aktive Handeln. Das gestaltet die Verhandlung insgesamt lebhafter und interessanter.

Wir hatten bereits an einigen Stellen dieses Buches angesprochen, dass es in diversen Situationen hilfreich sein kann, die aktive Rolle in der Verhandlung einzunehmen. Nicht jedem liegt das, das ist uns bewusst. Aber immer wieder erleben wir, dass wenige Kniffe ausreichen, um das eigene Benehmen etwas selbstbewusster zu gestalten. Sie sollen dem Einkäufer tatsächlich auf Augenhöhe begegnen – das erreichen Sie bereits mit Kleinigkeiten. Neben der Kenntnis der Taktiken des Verhandlungsgegners, um entsprechend zu reagieren, gehört ebenso das Bewusstsein des eigenen Auftretens zum grundlegenden Repertoire eines guten Verhandlers. Gemeint ist damit die Art und Weise, wie Sie sich im Verlauf des Gespräches geben und verhalten. Das ist von großer Bedeutung!

Wie Sie auf andere wirken, fängt schon bei kleinen Dingen an, die auf den ersten Blick nichts mit einem geschäftlichen Termin zu tun haben. Betrachten Sie bei einem Gang in die Stadt oder beim nächsten Einkaufen Ihre Mitmenschen um sich herum. Es wird in dieser hektischen Zeit immer üblicher, dass die Menschen auf ihr Handy starren, statt auf die Umwelt um sich herum zu achten und sie wahrzunehmen. Haben Sie sich auch schon dabei erwischt oder lassen Sie gar Ihr Handy kaum aus den Augen? Dann sind Sie dem „KuHo"-Phänomen bereits erlegen: Kopf unten, Hand oben.

Es ist schon fast eine Volkskrankheit, die um sich greift. Aus zwei Gründen ist dieses Verhalten bedenklich: Einerseits nimmt die Menschen so ihre Umwelt tatsächlich weniger wahr. Sie achten nur noch auf den Punkt, der sich direkt vor ihnen, in den eigenen Händen befindet. Verschärft wird die „KuHo-Krankheit", wenn sich dazu noch Kopfhörer im Ohr befinden und man im lebhaften Straßenverkehr unterwegs ist – die Leute bekommen nicht mehr mit, was in der Umgebung passiert. Sie gehen wie blind durch die Welt. Ihnen entgehen viele Situationen: Ein Bekannter geht beispielsweise unerkannt vorbei oder eine Gelegenheit, Hilfe zu leisten, wird nicht wahrgenommen.

Ähnlich ist es in einer Verhandlung: Vielleicht entgeht Ihnen, wie sich der Verhandlungsgegner nonverbal mit seinen Kollegen verständigt, wenn Sie öfter Ihr Handy nebenbei checken? Möglicherweise übersehen Sie bestimmte Anzeichen, dass sich das Gesprächsklima ändert?

Insofern ist dieser Tipp nicht nur ein metaphorischer: Lassen Sie sich vom Handy nicht ablenken – oder gar noch schlimmer: (ver-)leiten! Es ist erstens unhöflich, während eines Gesprächs „mal kurz das Handy zu checken". Etwaige E-Mails können Sie ohnehin nicht sofort beantworten, geschweige denn in Aktion treten. Ferner ist während eines Termins nichts so wichtig wie das Gegenüber und der eigentliche Grund des Treffens!

Aber außer der offenbaren Zurücksetzung anderer hat dieses „KuHo" noch einen weiteren Effekt. Wer ständig auf sein Handy schaut oder ganz allgemein den Kopf stets gesenkt hält, dessen Stimmung senkt sich. Sie wird ganz einfach schlechter. Das ist schade, denn Sie sollten – nicht nur metaphorisch – mit erhobenem Kopf in eine Verhandlung gehen! Dass sich die Stimmung aufhellt, wenn man den Kopf hoch erhoben hält, ist wissenschaftlich erwiesen. In einigen Kliniken für psychosomatische Krankheiten ist es ein Teil der Therapie, depressiven Patienten zu Beginn ihres Kur-Aufenthalts eine Halskrause zu verschreiben, wie normalerweise Patienten sie bekommen, die ein Schleudertrauma der Wirbelsäule erlitten haben. So haben die Betroffenen keine Möglichkeit, nach unten zu sehen. Sie können dank der steifen Krause aus Schaumstoff den Kopf gar nicht so weit senken. Der Effekt ist erstaunlich: Schon nach wenigen Tagen hellt sich ihre Stimmung auf.

Als unser Verkäufer Christian auf einem Fortbildungsseminar war, auf dem dieses Phänomen angesprochen wurde, hörte er gespannt zu. Glauben konnte er das jedoch nicht. Allein aufgrund der Kopfhaltung sollte sich die Stimmung aufhellen? Der vortragende Seminarleiter bemerkte, dass Christian und die anderen Teilnehmer eher ungläubig als einsichtig waren. Er führte sogleich eine Übung durch. Dazu

> *sollte Christian zwei Runden mit gesenktem Kopf um den Stuhlkreis der Teilnehmer gehen. In der dritten Runde musste Christian in dieser Haltung laut sagen: „Es geht mir gut. Ich bin gut gelaunt."*
>
> *Anschließend fragte der Coach, ob Christian etwas bemerkt habe. Seine Antwort war, es sei ihm schwer gefallen, bei gesenktem Kopf diese Aussprüche überzeugend zu formulieren. Im Gegenteil habe er sich eher unwohl gefühlt.*
>
> *Daraufhin wurde Christian aufgefordert, noch eine weitere Runde zu gehen. Dieses Mal sollte er den Kopf heben, eine möglichst gerade Körperhaltung einnehmen und wieder die beiden Sätze aufsagen. Christian war überrascht, wie schnell sich der positive Effekt bei ihm einstellte.*

Sie können diesen kleinen „Trick" ebenfalls für sich nutzen, wenn Sie sich auf dem Weg zum Kunden befinden, und erst recht im Gespräch selbst: Sehen Sie geradeaus! Selbst wenn Sie nachdenken, bemühen Sie sich, den Kopf oben zu behalten. Beobachten Sie, was mit Ihnen geschieht. Das Ergebnis wird Sie verblüffen. Und Sie können noch mehr tun, um sich und Ihre innere Einstellung zu verbessern. Das ist manchmal schwierig, gerade wenn Sie mehrere Termine in der Woche oder gar am Tag haben. Nicht immer können Sie alle erfolgreich beenden.

> *Auch Christian ging es so. An einem besonders arbeitsreichen Tag hatte er mehrere aufeinanderfolgende Termine. Bei allen vier Gesprächen warteten Großkunden. Er hatte sich vorbildlich vorbereitet. Die Taktiken der Verhandlungsgegner und Einkäu-*

fer konnte er gut erkennen und sich so geschickt wie möglich dagegen zur Wehr setzen. Und doch, mit drei der vier Kunden konnte er keinen Abschluss erzielen. Alle drei hatten trotz guter, solider Argumente die gleiche Begründung zur Ablehnung des Angebots von Christian genannt: Er sei zu teuer bzw. seine Produkte seien es. Doch an dem Tag musste sich Christian noch einmal für den vierten Termin motivieren. Trotz der „Niederlagen" war es für Christian Ehrensache, dem Kunden all seine Energie und Aufmerksamkeit zu schenken. Wie sollte er sich jedoch innerlich positiv einstellen?

Einen ersten Tipp für solch eine Situation haben Sie von uns schon erhalten: Halten Sie sich aufrecht. Stellen Sie sich gerade hin. Wie sich das anfühlt, können Sie zu Hause vor dem Spiegel üben. Das hilft, um diese aufrechte Haltung besser einnehmen zu können. Doch ebenso gilt: Bleiben Sie von der Meinung anderer unbeeinflusst! Auch das fällt leichter, wenn Sie sich aufrecht halten und den Kopf heben. Vergegenwärtigen Sie sich: Sie haben sich auf die Verhandlungen vorbereitet und Ihr Produkt genau studiert. Sie kennen es und Sie sind davon überzeugt!

Christian hatte sich ebenfalls die sorgsam aufgestellten Argumente für seine Ware auf dem Weg zum letzten Kunden noch einmal vorgesagt. Er achtete dabei darauf, den Kopf gerade – also gehoben – zu halten. Zur Kontrolle warf er dazu einen Blick in den Rückspiegel seines Dienstwagens.

Das ist ebenfalls wichtig! Sich nur zu sagen, dass man gut ist, ist nur ein Teil des Gesamtpakets. Ratsam ist es, sich außerdem zu verinnerlichen, dass die eigenen Produkte, die eigene Ware gut sind. Das Angebot wird erst durch die menschliche Komponente komplett. Motivieren Sie sich aus vollem Herzen. Straffen Sie dabei Ihre Haltung! Denn wer sollte Ihnen glauben, dass Ihre Ware die beste ist und der Preis in hervorragendem Verhältnis dazu steht, wenn Sie das mit gesenktem Blick und hängenden Schultern verkünden? Richtig, Sie würden es einem Gegner ebenso wenig glauben, wenn dieser in schlaffer Haltung vor Ihnen steht und Ihnen dabei nicht in die Augen schaut! Umgekehrt können Sie von niemandem erwarten, dass man Ihnen die Überzeugungen unter den beschriebenen Voraussetzungen abnimmt. Probieren Sie es selber aus. Stellen Sie sich hin, lassen Sie Kopf und Schultern hängen und sagen gleichzeitig laut: „Ich glaube an meine Produkte!"

Sprechen Sie den gleichen Satz in aufrechter Haltung in den Raum hinein, hat er eine völlig andere Wirkung. Die Körperhaltung ist dabei der Schlüssel! Hinzu kommt, dass Sie an sich und an das, was Sie zu sagen oder zu bieten haben, glauben müssen. Das strahlt Selbstbewusstsein aus.

Die Engländer haben ein neuzeitliches Sprichwort, das diese Situation passend umschreibt: „Fake it, till you make it!" – Tue etwas so lange, bis du selbst daran glaubst. Wenn Sie zu den erlernten Konditionen und Sätzen passende Körperhaltungen einnehmen, machen Sie es sich leichter, denn Ihr Geist wird Ihrer Körperhaltung folgen. Wir ermuntern Sie, das regelmäßig zu üben, damit es in Ihrem Alltag funktioniert!

Es gilt also beim Kunden wie bei Gehaltsverhandlungen und in zahlreichen anderen Situationen des Lebens: Halten Sie den Kopf oben und die Schultern gerade. Das beginnt bereits beim Warten auf den Einkäufer. Sie erinnern sich? Den (potenziellen) Lieferanten warten zu lassen, kann eine Taktik schon vor dem eigentlichen Gespräch sein. Es ist eine Form der Überraschungstaktik, bei der der Verhandlungsgegner bewusst aus dem Konzept gebracht werden soll. Lassen Sie das nicht zu. Vermeiden Sie, auf den Boden zu schauen, stehen Sie auf und gehen Sie langsam auf und ab. Sehen Sie aus dem Fenster. Niemand verlangt von Ihnen, dass Sie im Sitzen warten müssen, besonders, wenn Sie bereits den größeren Teil des Tages im Sitzen und in Konferenzen und Meetings verbracht haben.

Das gilt speziell für Videokonferenzen, wo man meist nur den Oberkörper sieht und Ihre äußere Erscheinung eher zweitrangig ist. Was in einer direkten Gesprächsrunde selten möglich ist, funktioniert bei reinen Telefonkonferenzen ganz gut: Bewegen Sie sich. Das bringt „frischen Wind" in den eigenen Kopf. Die Blutzirkulation wird angeregt. Zudem sind Telefonkonferenzen eine gute Gelegenheit, sowohl Körperhaltungen als auch die damit verbundene wachere Stimme auszuprobieren. Beobachten Sie, welche Wirkung und welchen Eindruck Sie damit beim Gegner erzielen. Nehmen Sie die gesammelten Erfahrungen mit in das nächste Gespräch, die nächste Verhandlung, in der Sie einen neuen potenziellen Geschäftspartner persönlich treffen.

Ein weiterer Punkt, der uns in unseren Seminaren immer wieder auffällt, ist der Satz „Das geht nicht!" Wird nach dem Grund gefragt, warum es denn nicht ginge, lautet die Antwort häufig: „Das haben wir doch noch nie so gemacht!". Natürlich ist das keine ordentliche Begründung, schon gar nicht im Geschäftsleben, wo vieles davon abhängt, dass man flexibel auf neue Situationen und Gegebenheiten reagiert.

Und doch wird dieser Satz wieder und wieder als Argument verwendet, um Neues abzulehnen. Dabei wäre man gut beraten, sich den Physiker Albert Einstein ins Gedächtnis zu rufen: „Die reinste Form von Wahnsinn ist es, alles beim Alten zu lassen und gleichzeitig zu hoffen, dass sich etwas ändert."

Machen Sie sich die Kraft der Gedanken zu Ihrem Verbündeten

Was geschieht also, wenn Sie sich von vornherein sagen, dass dieser oder jener Umstand sicher unverändert bleibt bzw. unveränderbar ist? Welchen Einfluss haben Denkweisen wie „Ich habe beim ersten Treffen mit einem Kunden noch nie einen Abschluss erzielen können"? Wir stellen diese Frage oft in unseren Seminaren. Man kann jene Äußerungen ebenso leicht abwandeln und provokativ die These in den Raum stellen: „Versucht es doch einmal anders – den nächsten Abschluss erhaltet ihr auf Anhieb beim ersten Gespräch!" Kaum ist das gesagt, kommt von einem der Anwesenden garantiert wie aus der Pistole geschossen die Antwort: „Das geht doch nicht!" Ein Teilnehmer meinte gar, er sei seit zehn Jahren im Geschäft, aber noch nie sei es ihm bereits beim ersten Mal gelungen, seine Ware zu dem Preis an einen Einkäufer zu vermitteln, den er dafür vorgesehen habe. Es gibt allerdings immer wieder Verkäufer und Verkäuferinnen unter unseren Seminarteilnehmern, die genau das Gegenteil berichten. Sie widerlegen diese Pauschalisierung. Ihnen ist es bereits gelungen, Ihre Vorstellungen beim ersten Termin durchzusetzen. Die Seminarteilnehmer, die diese Möglichkeit für ausgeschlossen hielten, sind in solchen Fällen immer sehr überrascht.

Fakt ist: Es ist oft viel mehr möglich, als man glaubt. Wir limitieren uns selbst, indem wir uns Möglichkeiten verbauen. Wir lassen uns von unserer Erfahrung – die vielleicht nur aus festgefahrener Routine besteht! – leiten. Dabei ist es sinnvoll, auf eine Situation individuell einzugehen. Eventuell ergibt sich die Option, dass ein neuer Verhandlungsgegner neue Lösungen bieten kann. Meist lassen wir uns jedoch durch unsere Hemmungen davon abhalten, das Sprichwort „Neues Spiel, neues Glück!" wirklich ernst zu nehmen und in die Tat umzusetzen.

Wir empfehlen Ihnen eine Übung dazu: Stellen Sie sich aufrecht hin. Sorgen Sie dafür, dass Sie etwa einen Meter

Platz um sich herum haben. Strecken Sie den rechten Arm gerade aus. Nun drehen Sie sich mitsamt dem Arm um die rechte Schulter herum, langsam und so weit, wie Sie können. Es ist unerheblich, wie weit Sie kommen. Wichtig ist, dass Sie sich ungefähr merken, bis wohin Ihre Finger zeigen, wenn Sie nicht mehr weiterkommen. Sie verspüren in der Seite Ihres Körpers Ihren Muskelwiderstand. Drehen Sie sich dann langsam wieder nach vorn.

Nachdem Sie den Arm haben sinken lassen, schließen Sie die Augen. Stellen Sie sich diesmal nur vor, dass Sie den rechten Arm heben und ausstrecken. In Ihrer Vorstellung drehen Sie Ihren Arm und sich um die rechte Schulter herum. Es ist quasi die gleiche Abfolge, die Sie eben mit geöffneten Augen durchgeführt haben. Nur jetzt drehen Sie sich so weit, wie Sie meinen zu kommen – und gehen darüber hinaus! Drehen Sie sich weiter, als Sie in Wirklichkeit konnten. Es ist ganz einfach! Sie machen eine kleine Pause und öffnen wieder die Augen.

Jetzt sammeln Sie Ihre Gedanken etwas und dann nehmen Sie bitte wieder die Ausgangsposition ein. Nun führen Sie diese Übung erneut mit geöffneten Augen und real aus. Sie starten, indem Sie den rechten Arm anheben, ausstrecken und sich langsam drehen, so weit Sie können – und ein Stück mehr. Bemerken Sie etwas? Jetzt sind Sie über die vermeintliche Grenze des ersten Übungsversuchs hinausgegangen. Wider Erwarten war es Ihnen möglich, weil Sie sich vorgestellt haben, dass Sie es schaffen können. Sie kamen über den Punkt hinaus, den Sie beim ersten Mal erreicht haben.

Nach diesem Muster verhält es sich auch mit Ihren Fähigkeiten in einer Verhandlung. Gehen Sie mit dem Gedanken, ja, mit der Überzeugung „Diese Preiserhöhung werde ich nicht durchsetzen können!" in ein Gespräch, dann werden Sie in der Tat scheitern. Umgekehrt funktioniert das allerdings genauso! Machen Sie sich bewusst: Was in der Vorstellung geht, geht auch in der Wirklichkeit: „Ich setze meine Preiserhöhung mühelos durch!"

Sportler liefern wie so oft ein gutes Beispiel. Im Sport ist es eine anerkannte Technik, dass die Akteure sich detailliert vorstellen, wie sie den Ball ins Tor schießen oder welche Bewegungen ein Skiläufer beim Slalom zu vollziehen hat, wenn er die Piste hinabfährt. Jeder Sportler kennt den Begriff „mentales Training" und ist in der Lage, bei geschlossenen Augen selbst den kleinsten Bewegungsablauf zu rekapitulieren, und das in Kombination mit den örtlichen Gegebenheiten. Entscheidend ist, sich die Bewegungsausführung bis ganz zum Ende vorzustellen! Der Skislalomläufer wird sich die gesamte Piste vorstellen – und dabei ebenso die Siegerehrung am Schluss einbeziehen. Er wird den Abfahrtslauf so lange imaginieren, bis er auf dem Siegertreppchen steht und sein Name geehrt wird. Man kann sagen, dass der Sportler seinen eigenen Film dreht und darin auch die Hauptrolle einnimmt. Mit der Energie dieser positiven Vorstellung wird er in den Wettkampf gehen. Der Sieg ist dabei durchaus wahrscheinlich!

Wohlgemerkt: Ein Profisportler wendet diese Trainingsmethode nicht an, um den Sport zu erlernen. Den kann er schon. Sie beherrschen ebenfalls Ihre Disziplin – „das Verhandeln". Mithilfe dieser Methode sind Sie in der Lage, zusätzlich sicherzustellen, das bereits Erlernte in Ihrem Gedächtnis fest zu verankern. Das trägt ebenso wie die anderen oben genannten Übungen dazu bei, dass Sie in einer Verhandlung mit größerer Sicherheit auftreten und Ihre Geschäfte erfolgreich abschließen.

Nehmen Sie sich an den Sportlern ein Beispiel. Gehen Sie die bevorstehende Verhandlung detailliert durch. Wenn Sie die Räumlichkeiten schon kennen, stellen Sie sich diese vor. Wer wird Ihnen gegenübersitzen? Ist Ihnen der Gesprächsgegner bekannt, fällt Ihnen die Vorstellung leichter. Sie können sich genau ausmalen, wie er reagiert, wo er einhakt, welches Ihrer Argumente eher Einwände hervorrufen wird und welches leichter durchzubringen ist. Benutzen Sie Ihr Wissen. Sagen Sie sich wieder und wieder vor, was Sie können. Überlegen Sie sich richtige und stichhaltige Argumente und Antworten auf Fragen und Einwände. So vorbereitet, können Sie in einer Verhandlung weniger überrascht werden und sind gegen etwaige Stolpersteine besser gewappnet.

Zu diesen Vorbereitungen empfehlen wir, eine Liste der eigenen Erfolge zu erstellen. Niemand ist perfekt – aber ebenso ist niemand ein völliger Verlierer. Die Erfahrung aus unseren Seminaren zeigt uns regelmäßig, dass viele Teilnehmer eher negative Dinge aufzählen, wenn wir um eine solche Liste bitten. Geht es um eigene Erfolge, tut sich das Gedächtnis offenbar schwer damit, ein passendes Beispiel zu finden. Aber: Niemand hat keine Erfolge vorzuweisen! Sicher ist Ihnen in der letzten Zeit genauso die eine oder andere Verhandlung gelungen und Sie konnten einen Erfolg verbuchen! Sie konnten einen Einkäufer von sich überzeugen. Der Draht zu einem Kunden war besonders gut, die Zusammenarbeit angenehm oder Sie konnten ein neues Produkt in mehr Filialen platzieren, als erforderlich oder angestrebt war. Vielleicht war es Ihnen auch möglich, günstigere Lieferbedingungen zu erhandeln. Schauen Sie sich all diese Ergebnisse an. Halten Sie sich diese Situationen immer wieder vor Augen. Analysieren Sie sie ausführlich. Was gelang Ihnen besonders gut? Wo konnten Sie besonders schnell einen Erfolg erzielen?

Eventuell waren es besondere Umstände, die zu einem tollen Ergebnis führten? Vielleicht entdecken Sie den einen oder anderen Umstand, der eindeutig Ihrer Weitsicht, Ihrer Hartnäckigkeit oder Ihrer Flexibilität zuzuschreiben war – und die schließlich den erfreulichen Abschluss möglich machten? Sie werden sehen, dass Sie doch einiges können und erfolgreicher waren, als Sie zu Beginn dachten. Sich diese Erfolge und die Wege dorthin wiederholt vor Augen zu führen, trägt zu einer Stärkung Ihres Selbstbewusstseins bei. Das wiederum bewirkt, dass Sie dem Verhandlungspartner auf Augenhöhe und im Bewusstsein Ihrer Kompetenz begegnen können. Beides kann nur zum positiven Verlauf der Verhandlung beitragen!

Darüber hinaus gibt es weitere Optionen, sich für eine bevorstehende Verhandlung in die richtige Stimmung zu versetzen. Tun Sie vor dem Gespräch Dinge, die Ihnen erwiesenermaßen guttun. Die meisten von Ihnen fahren mit dem Auto zu einem Kunden – legen Sie Ihre Lieblings-CD in die Musikanlage des Autos! Schauen Sie sich Bilder beispielsweise von Ihrer Familie, Ihren Freunden oder der Lebensgefährtin an. Genauso kann eine schöne Landschaft, in der Sie den letzten Urlaub verbrachten, positive Gedanken auslösen. Der Anblick entspannt Sie und verringert die Wahrscheinlichkeit, dass Sie gereizt ein Verhandlungszimmer betreten.

Lesen Sie noch einmal die Liste Ihrer Erfolge durch, während Sie auf den Gesprächspartner warten. Denken Sie an erfolgreiche Sportler: Sie lassen ihre Erfolge nie „aus den Augen". Erinnern Sie sich an Trikots der Fußball-Erfolgsmannschaften bei WM, EM oder Bundesliga? Auf der Brust tragen die Spieler über dem Vereinslogo Sterne. Es sind immer so viele, wie die Mannschaft Titel erspielen konnte. Vor Spielbeginn halten einige Spieler sogar ihre Hand kurz auf diese Sterne. Sie verinnerlichen den Erfolg.

Können Sie – aus was für Gründen auch immer – schwer an Ihren Erfolg glauben, geben wir gern noch einmal den Tipp: Helfen Sie mit Ihrem Körper nach! Straffen Sie Ihre Haltung, richten Sie sich auf und heben Sie den Kopf. Manche Sportler kultivieren eine spontane Siegesgeste, um sich selbst zu motivieren. Sicher ist Ihnen die „Becker-Faust" ein Begriff. Boris Becker zog in seiner Zeit als aktiver Tennisspieler immer wieder die Faust ruckartig an den Körper,

Machen Sie sich die Kraft der Gedanken zu Ihrem Verbündeten

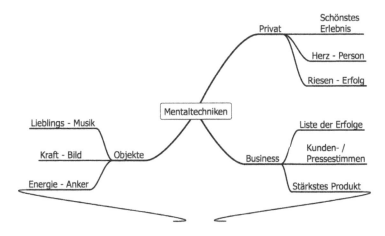

wenn ihm ein Schlag besonders gut gelungen war. Solche Gesten können nicht nur Sportlern dabei helfen, sich zu motivieren. Neben dem reinen Ausdruck einer Siegesstimmung helfen sie, diese überhaupt erst auszulösen bzw. einzuleiten. Denken Sie an den Beginn dieses Kapitels: Körperliche Aktionen lösen geistige Stimmungen aus – fake it, till you make it!

Es ist an Ihnen. Und was einmal funktionierte, wird bestimmt auf diese Weise wieder klappen! Das Stichwort lautet: mentale Kraft. Nutzen Sie alles, um sich vor einer Verhandlung zu stärken. Das gilt umso mehr, je unliebsamer Ihnen die Kunden sind, die Sie als Teil Ihrer Aufgabe besuchen müssen. Lassen Sie sich nicht aus dem Konzept bringen. Denken Sie an Ihre Erfolgsliste und daran, was Sie schon alles zielsicher erreicht haben. Probieren Sie, das durch Körperhaltung auszudrücken. Sie werden sehen, der Geist wird folgen – und Ihnen zum Erfolg verhelfen.

Die wichtigsten Aspekte haben wir für Sie nochmals zusammengestellt:
- Achten Sie auf eine aufrechte Körperhaltung. Wenn Sie den Blick senken, sinkt auch Ihre Stimmung.
- Wenn es einmal weniger erfolgreich verläuft: Halten Sie sich dennoch gerade, seien Sie freundlich. Stellen Sie sich vor, wie Sie sich verhalten würden, wenn Sie Erfolg gehabt hätten.
- Setzen Sie Ihrem Geist keine Grenzen. Stellen Sie sich den Erfolg vor – und noch mehr! Der Satz: „Das geht nicht!" ist dabei tabu.
- Gehen Sie vor einer Verhandlung das Gespräch anhand Ihrer Recherchen und Ihrer Vorbereitungen detailliert durch. Entscheidend ist, dass Sie sich in Ihrer Vorstellung den gesamten Verhandlungsablauf bildhaft vor Augen führen, und das vor dem Termin.
- Erstellen Sie eine Liste Ihrer Erfolge. Was gelang Ihnen in der letzten Zeit besonders gut und warum? Die Analyse dieser Erfolgsliste stimmt Sie positiv auf die bevorstehende Verhandlung ein.
- Hören Sie angenehme, anregende Musik, um sich auf das Gespräch einzustimmen. Umgeben Sie sich mit angenehmen Bildern von Ihrer Familie, Ihren Freunden, dem letzten Urlaub oder einer Landschaft, die Sie als entspannend empfinden.
- Eine Siegesgeste hilft die Stimmung zu heben. Der Geist zieht nach, wenn der Körper vorangeht.

KAPITEL 7

Psychologie – erkennen Sie Ihren Gegner!

Ist Ihnen kalt?

Hat Sie die ungewöhnliche Frage überrascht? Es geht um das Ergebnis bzw. Ihre Reaktion darauf. Stellen wir diese Frage während unserer Seminare, sind die Antworten, ob den Teilnehmern kalt ist oder man lieber ein Fenster öffnen sollte, höchst unterschiedlich. Temperaturempfinden ist eben von Mensch zu Mensch anders. Es ist eine rein individuelle Sache – während der eine friert, ist dem anderen bereits zu warm. Jeder Mensch hat ein anderes Empfinden, eine ganz persönliche Skala.

Und doch, Temperatur an sich ist ein absoluter Wert. 19 Grad sind immer 19 Grad. Selbst wenn sich der eine dabei am liebsten das Sakko auszöge und sich der andere seinen gefütterten Anorak herbeiwünscht – es bleibt die gleiche Temperatur. Die Wirkung der Raumtemperatur wird demnach von Individuen definiert und nicht vom Thermometer bestimmt. Es lässt sich also feststellen: Es ist das eigene Empfinden, das aus dem absoluten und unveränderlichen Wert „Temperatur" erst einen Diskussionspunkt macht!

Diese Feststellung gilt nicht nur bei der Frage, ob der Raum überheizt ist oder nicht. Um unter mehreren Personen auf einen Nenner zu kommen, wird das unterschiedliche

Empfinden dem der anderen angepasst. Es muss verglichen werden. Denn in Beziehung gesetzt zum absoluten Wert – der Temperatur – haben alle recht; sowohl die, denen zu warm ist, als auch die, denen schon beim leisesten Luftzug eine Gänsehaut über den Rücken läuft. Das Fazit, das sich aus diesen Erkenntnissen ziehen lässt, lautet in jedem Fall: Vorsicht vor absoluten Wahrheiten und vorschnellen Urteilen! Wir alle neigen häufig dazu zu sagen: „So wie ich es empfinde, ist es richtig!" Dabei vergessen wir, dass es auch andere Sichtweisen und Blickwinkel gibt, mit der man die Umwelt wahrnehmen kann.

Bei geschäftlichen Besprechungen gilt das ebenso. Ansichten wie: „Mein Gegenüber war heute schrecklich cholerisch!" oder „Diesmal ist Herr Müller wieder ganz besonders arrogant!", aber auch: „Dieser neue Einkäufer vertritt seine Position sehr aggressiv!" sind Ihnen sicher bekannt. Doch es sind Beurteilungen, bei denen es sich lohnt, sie näher zu betrachten und zu überdenken. Denn sie sind ebenfalls häufig dem eigenen „Temperaturempfinden" unterworfen. Wer auf den einen aggressiv, arrogant oder auch cholerisch wirkt, ist es für den anderen vielleicht gar nicht. Diese Wahrnehmungen sind individuell unterschiedlich und liegen im Auge des Betrachters.

Versuchen Sie sich auf einer Skala einzuordnen, ob Sie sich eher als selbstbewusst (10) oder nicht selbstbewusst (1) sehen. Vielen Menschen fällt das relativ leicht. Je nachdem, wo Sie sich selbst sehen, werden Sie auch Ihr Gegenüber einordnen. Sie werden ihn entsprechend beurteilen. Halten Sie sich selbst für einen introvertierten, überlegten Menschen, wird Ihnen ein Einkäufer mit starkem Selbstbewusstsein sicher als „arrogant" oder gar „überheblich" erscheinen. Der Kollege, mit dem Sie vielleicht zu dieser Besprechung gefahren sind, wird sehr wahrscheinlich Ihren Verhandlungsgegner anders wahrnehmen. Sein „Persönliches Thermometer" ist wahrscheinlich anders ausgerichtet als Ihres.

Ein Punkt kommt hinzu, den Sie bei Verhandlungen im Auge behalten sollten: Wie würde der, über den Sie urteilen, sich selbst sehen? Sicher behaupten die meisten Menschen von sich ungern, sie seien überheblich oder gar abgehoben.

Diese Erkenntnis muss kein Nachteil für Sie sein. Ganz im Gegenteil: Sie können diese Überlegung für sich nutzen. Nehmen Sie

sie zu einer Grundvoraussetzung für Ihre persönliche Verhandlungsnote. Trotzdem sollten Sie sich vergegenwärtigen, dass Sie Ihren Verhandlungsgegner damit natürlich nicht ändern können. Jedoch sind Sie damit in der Lage, Ihre eigene Wahrnehmung der des anderen anzupassen. Die Frage, die aus diesem Umstand hervorgeht, lautet: Wie schaffen Sie es, dass Sie Ihren Verhandlungsgegner anders wahrnehmen als arrogant, über Ihnen stehend und auf Sie herabblickend?

Dazu empfehlen wir folgendes Vorgehen in vier Schritten. Sie zeichnen auf ein leeres Blatt Papier fünf etwa gleich große Spalten. In die erste Spalte tragen Sie ein, was Sie selbst über den Einkäufer des nächsten Verhandlungstermins denken. Das Feld gibt also Ihren ganz subjektiven Eindruck von Ihrem Gegenüber wieder. Seien Sie ehrlich dabei – welche Attribute würden Sie Ihrem Verhandlungsgegner verleihen? Ist er aggressiv, arrogant, von oben herab? Ist er cholerisch? Sinnvoll ist es, wenn Sie die Begriffe ebenso auf einem zweiten Blatt auf einer „Thermometer-Grafik" abtragen – wie die Attribute „selbstbewusst" bis „abgehoben" – siehe Grafik oberhalb.

Als Nächstes tragen Sie in Spalte 2 ein, was Sie in Bezug

Psychologie – erkennen Sie Ihren Gegner

1	2	3	4	5
Was Sie denken über den Anderen	über sich	über Sie	über sich	Ressource
		Was der andere denkt		
arrogant	selbstbewusst	schwach	stark	mehr Selbstbewusstsein
cholerisch	besonnen	emotionslos	emotional	mehr Emotionen
lügt	ehrlich	pedantisch	nutze Chancen	mehr Interpretationspielraum

auf die Eigenschaft des Einkäufers, über sich selbst denken. Denken Sie, Ihr Gesprächspartner ist arrogant, so könnten Sie sich selbst als selbstbewusst bezeichnen. Es geht um die Frage: „Wie sehe ich mich als Teilnehmer in einer Verhandlung?" Stufen Sie sich anhand des „Persönlichen Thermometers" ein, auf dem Sie bereits Ihren Verhandlungsgegner definiert haben. Sind Sie selbstbewusst oder eher zurückhaltend? Bleiben fest bei Ihren Preisvorstellungen für das von Ihnen vertretene Produkt? Wo sehen Sie sich auf dieser Skala?

Nun folgt der dritte Schritt und Sie tragen in Spalte 3 ein, wie Ihr Verhandlungsgegner Sie wahrnehmen könnte. Wo auf dem „Persönlichkeitsthermometer" würde er Sie sehen? Hält er Sie wirklich für selbstbewusst oder eher für zurückhaltend, oder gar für schwach? Versuchen Sie bewusst, negative Bezeichnungen für Ihre Eigenschaften zu finden, die Sie für sich selbst positiv gewertet haben. Sind Sie für Ihren Gegner wirklich nur ehrlich und zurückhaltend?

Wie blickt der vermeintlich arrogante Einkäufer entlang Ihrer persönlichen Skala auf Sie? Obwohl Sie sich für selbstbewusst halten, zeichnet sich womöglich ab: Er hält Sie für schwach.

Denn Ihrer Meinung nach ist er arrogant und so folgt aus seiner Sicht bezogen auf jemanden, der sich „nur" für selbstbewusst hält, die Einstufung „schwach" – gemessen an seiner Wahrnehmung. Vielleicht würde Ihr Verhandlungsgegner Sie mit den Worten „langsam" und „nachgiebig" belegen oder Sie gar für „entscheidungsscheu" halten. Menschen, die cholerisch sind, stufen beispielsweise auf einer „Temperaturskala" ihr Gegenüber als emotionslos oder möglicherweise sogar kleinkariert und „erbsenzählerisch" ein. Sie stehen in ihren Augen die Emotionen betreffend „unter" ihnen.

Kommen wir zur vierten Phase der Analyse. Was würde der Einkäufer in Bezug auf all das – sprich die Schritte eins bis drei zusammengenommen – über sich denken? Mit welchen positiven Attributen würde er sich belegen? Natürlich ist das eine hypothetische Betrachtung. Sie setzt voraus, dass Sie sich wirklich in die Lage des anderen versetzen. Die Antworten und Stichworte auf diese Frage tragen Sie in Spalte 4 ein.

So wäre es in Bezug auf den Aspekt „emotionslos", für das der Einkäufer Sie Ihrer Meinung nach hält, möglich, dass er von sich selbst behauptet, „Emotional" zu sein. Stuft er Sie als „pedantisch" oder „penibel" ein, ist er vielleicht davon überzeugt, dass er selbst „entscheidungsfreudig" oder „kreativ" ist und „Chancen nutzt". Was bedeutet, dass der Einkäufer meint, entschlossen „Dinge voranzutreiben", „schnelle Entschlüsse zu fassen" und Verhandlungen „zu managen". Sie sehen, zwischen der Wahrnehmung, wie man sich selbst einstuft und wie man gesehen wird, ist ein großer Unterschied.

In Spalte 5 können Sie nun Ihre Ressource eintragen und mit welcher kleinen Veränderung Sie diesem einen Gesprächspartner beim nächsten Mal entgegen treten könnten. So könnten Sie dem arroganten Einkäufer eben etwas mehr Selbstbewusstsein zeigen. Beim Choleriker zeigen Sie ganz bewusst mal etwas mehr Emotionen und bei dem Gesprächspartner, der es mit der Wahrheit nicht so genau nimmt, nutzen Sie einfach mal den Interpretationsspielraum etwas mehr aus.

Sie sehen, zwischen der Wahrnehmung, wie man sich selbst einstuft und wie man gesehen wird, ist ein großer Unterschied. Im Kapitel 5 – der Vorbereitung – haben wir dieses Thema mit dem „Wahrnehmungs-Positionswechsel" anklingen lassen. Ebenso groß kann der Unterschied zwischen dem sein, was Sie vom anderen denken und dem, was dieser von sich selbst hält.

Eine Annäherung zwischen beiden Standpunkten ist schon mit kleinen Mitteln möglich, auch wenn sie gegensätzlich erscheinen. Natürlich wird es Ihnen ebenso schwerfallen, Ihren Verhandlungsgegner zu ändern – zumal dieser sich sehr wahrscheinlich gegen offene Manipulationsversuche wehren wird. Unternehmen Sie selbst etwas, das in die Richtung dessen geht, wie Sie den anderen einteilen! Werden Sie aktiv, um festgefahrene Meinungen über Sie aufzubrechen oder vorzubeugen, sollten Sie eine solche Festlegung bemerken. Auf keinen Fall bedeutet ein solches Vorgehen, sich selbst so zu verändern, dass Sie nicht mehr authentisch wirken.

Die Sicht des Einkäufers auf Sie können Sie schon mit kleinen Mitteln beeinflussen. Bemerkt beispielsweise ein temperamentvoller Einkäufer, dass Sie von Ihrer buchhalterischen und peniblen Linie abweichen, kann das seine Meinung über Sie bereits verändern. Möglicherweise klettern Sie auf seinem „Persönlichkeitsthermometer" ein wenig nach oben, wenn Sie sich bei kleineren Dingen großzügig geben. Vielleicht reagieren Sie flexibel beim Preis, der Liefermenge oder dem -datum. Zur Aufweichung der Fronten reicht es, einen „Funken" zu initiieren, der Sie unter Umständen nichts weiter als ein „Lächeln" kostet. Dazu müssen Sie sich selbst in Ihrem Wesenskern nicht vollständig ändern.

Unsere Erfahrung zeigt uns Folgendes: Die Gegenseite nimmt uns auf der persönlichen Skala – dem inneren „Werte-Thermometer" – als schwach wahr. Das macht es für den Gegner schwierig, uns auf der gewünschten Augenhöhe zu begegnen. Wir wiederum nehmen ihm das übel und reagieren so, als würden wir „von oben herab" behandelt werden. Er wird zum „harten Hund" und als arrogant abgestempelt. Sie bemerken es sicherlich: Ein Teufelskreis beginnt, aus dem man nur schwer ausbrechen kann. Sie wirken dem bereits entgegen, wenn Sie sich bewusst machen, dass dieses Problem bei anderen Verhandlungsgegnern dieses Einkäufers möglicherweise gegenstandslos ist.

Einen Teufelskreis, wie eben beschrieben, effektiv aufzulösen, ist durch kleine Dinge realisierbar, die Sie selbst beeinflussen können. Bemerkt Ihr Gegenüber auf diese Weise, dass kleine Gegebenheiten in seiner Wahrnehmung falsch waren, wird er seine Haltung sehr wahrscheinlich überdenken. Eventuell wird er seine Verhaltensweise ändern. Geschieht das, kann der Teufelskreis durchbrochen werden und die Verhandlungsatmosphäre bekommt einen positiven Rahmen.

Sie können den anderen nicht ändern. Jedoch ist es möglich, sich selbst ein wenig so zu verhalten, wie der andere sich in seinem „positiven" Feld sieht – dem rechten unteren Abschnitt der Achsengrafik. Sie spiegeln Ihr Gegenüber in einem gewissen Sinne.

Christian bringt wieder ein gutes Beispiel. Er zog sich immer sehr korrekt an, wenn er zu einem bestimmten Kunden ging. Sein Verhandlungsgegner war als Einkäufer für eine bekannte Modehauskette tätig. Chris-

tian wollte alles perfekt machen. Sein Ziel war, dass der Einkäufer bei ihm einen Großauftrag platziert.

Ungünstigerweise war das Verhältnis zwischen den beiden angespannt. Christian schien es so, als behandle ihn der Einkäufer von oben herab, ja, ein wenig gönnerhaft, so als verstünde Christian kaum etwas von der Modebranche und von der Materie. Entsprechend zurückhaltend blieb die Auftragslage. Wie sollte sich Christian nun verhalten? Sollte er sich modischer anziehen? Er wälzte aktuelle Modemagazine – und wandte sich ratlos ab. Die Kleidungsvorschläge, die dort als der letzte Schrei propagiert wurden, entsprachen nicht seinem Geschmack. Christian hätte sich in entsprechender Kleidung unwohl gefühlt. Das war das letzte, was er beim nächsten Termin mit diesem Einkäufer hätte gebrauchen können.

In seinem Dilemma wandte sich Christian an einen Berater. Dieser schlug ihm vor, einen dunkelblauen Anzug zu wählen, den er meistens bei geschäftlichen Besprechungen trug. Dazu bat der Berater Christian einen Schal in einer auffälligen, derzeit angesagten und zu seinem korrekten Anzug passenden Farbe mitzubringen – rot oder leuchtend blau.

Die Ungläubigkeit war Christian im Gesicht abzulesen. Der Berater bestand darauf. Christian müsse den Schal nicht umbinden. Er solle ihn lediglich in der Hand behalten und zu Beginn der Besprechung neben sich auf den Tisch legen, lautete der Rat. Es ginge nur darum, dass der skeptische Kunde den Schal sehen könne. Und in der Tat verfehlte das seine Wirkung nicht! Der Kunde sprach Christian zwar nicht

Psychologie – erkennen Sie Ihren Gegner

auf den Schal an, doch sein Verhalten wurde Christian gegenüber merklich entspannter. So fiel es auch Christian leichter, auf den Einkäufer zuzugehen und großzügiger sowie flexibler zu reagieren.

Am Ende hatte der Kunde die Bestellmenge für Christians Produkte erhöht – ein erfolgreicher und lukrativer Abschluss.

Warum entspannte sich die Situation? Der Kunde interpretierte das ungewöhnliche Kleidungsstück als etwas Neues an Christian, etwas Kreatives. Der Einkäufer hatte das Christian offenbar nicht zugetraut und ging nun mit wesentlich mehr Neugier und Offenheit auf ihn zu. Möglich sind nach unserer Erfahrung natürlich genauso andere Accessoires, die nicht angezogen werden müssen, sondern in der Hand zu halten sind. Das können Lederhandschuhe, eine Mütze oder ein Tuch sein. Es genügt, das Accessoire sichtbar auf den Tisch zu legen, um vom Einkäufer, dem Verhandlungsgegner, anders wahrgenommen zu werden!

Noch etwas sollten Sie sich bewusst machen. Dass der andere Sie so wahrnimmt, wie er es tut, heißt auf keinen Fall, dass Sie tatsächlich so sind. Natürlich gefällt Ihnen nicht, dass Ihr Gegenüber Sie „falsch" wahrnimmt, was entsprechend zu Ablehnung und Abneigung Ihrerseits führen kann. Einer Abneigung, die Ihr Verhandlungsgegner spürt! So kann ein umgekehrter Teufelskreis entstehen. Vergegenwärtigen Sie sich, dass Sie dem Einkäufer auf Augenhöhe begegnen wollen! Das heißt umgekehrt, dass Sie ebenfalls in keinem Fall auf der Werteskala „oben" stehen dürfen. Sorgen Sie dafür, dass der Verhandlungsgegner auf Ihrem Thermometer „nach oben rutscht" und nicht unter Ihnen steht. Erst dann ist es möglich, dass Ihr Gegenüber entsprechend auf Sie reagiert.

An dieser Stelle machen wir in unseren Seminaren ein kleines Experiment mit einem der Teilnehmer. Wir schicken ihn vor die Tür. Er soll nicht hören, was wir mit den anderen vereinbaren. Kommt er wieder herein, begegnen alle Teilnehmer dem Probanden positiv. Sie sagen nichts, aber sie haben den Auftrag, etwas Freundliches über ihn zu denken. Sie können Ihre Gedanken auch ausstrahlen, wenn sie es können. Dann verlässt der Teilnehmer den Raum wieder. Betritt er ihn erneut, verhält sich die Gruppe genau gegenteilig. Die einzelnen Gruppenmitglieder denken daran, wie ungünstig sie seine Frisur finden, dass er zu laut lacht oder dass ihnen die Farbe seiner Schuhe nicht gefällt. Danach soll der Proband benennen, wo für ihn gefühlsmäßig der Unterschied lag. In den meisten Fällen wird das „Opfer" sagen können, dass die Atmosphäre ihm beim ersten Mal angenehmer war, dass er entspannter war und in freundliche Gesichter blicken konnte. Ganz im Gegensatz zum zweiten Mal, als er den Raum betrat: Wahrscheinlich haben ihn die anderen Seminarteilnehmer nicht angelächelt (denn wer lächelt schon, wenn man darüber nachdenkt, wie unvorteilhaft die Frisur des anderen ist!) oder haben ihn gar nicht erst angesehen.

In der Verhandlung verhält es sich genauso. Sie spüren, ob der Verhandlungsgegner einen positiv oder negativ wahrnimmt. Selbst wenn der andere lächelt, aber eigentlich negativ eingestellt ist, wird das bemerkt. Das Fazit für Sie lautet ähnlich wie im letzten Kapitel: Sie sollten Ihre ernstgemeinte Überzeugung in allem zeigen, was Ihnen möglich ist. Denken Sie nicht nur, dass der Gegner eventuell ein sympathischer Mensch sein könnte. Sie müssen es wirklich so meinen. Ein Lächeln sollte daher herzlich sein, wenn es als ehrlich wahrgenommen werden und die allgemeine Stimmung im Verhandlungszimmer aufhellen soll.

Des Weiteren machen Sie sich klar, dass sich der Ver-

Psychologie – erkennen Sie Ihren Gegner

handlungsgegner an anderer Stelle, in einer anderen Situation, sicher anders gibt, beispielsweise mit Freunden oder seiner Familie. Möglicherweise ist er lustig und ist nicht so „cholerisch" oder „aggressiv", wie er sich Ihnen gegenüber gebärdet. Sollte ein Einkäufer bei Ihnen die „Rambo-Taktik" anwenden und sich lautstark über Sie, Ihre Produkte und Ihr Unternehmen auslassen, können Sie sich sagen: Der Einkäufer ist ein guter Schauspieler! Und dieses „Theater" führt er jetzt nur für mich auf. Mal sehen, was er noch alles unternimmt, um meine Aufmerksamkeit zu bekommen.

Diese Haltung einzunehmen, meinen wir ernst. Sehen Sie ihm dabei zu, wie er sich verausgabt. Selbstverständlich gilt: Vermeiden Sie zu lächeln oder sich anderweitig über ihn lustig zu machen. Irgendwann wird er die Vorstellung beendet haben. Es versteht sich von selbst, dass Sie nicht applaudieren, sondern wie bereits in Kapitel 4 beschrieben, die „Kritik" mit einem kurzen Satz aufnehmen: „Sie sind unzufrieden mit der Situation, ich werde Ihre Bedenken mitnehmen und mir in meinem Büro genauer ansehen." Das führt oft dazu, dass Ruhe einkehrt, in der Sie und Ihr Verhandlungsgegner mit dem eigentlichen Geschäftsgespräch beginnen können. Ihr Gegner hat in der Regel „sein Pulver verschossen". Sie stehen einander wieder auf Augenhöhe gegenüber und können konstruktiv an einem Abschluss arbeiten. Nun steht der Mensch vor Ihnen und nicht mehr der Schauspieler.

Die Anwendung dieser Tipps wird erschwert, wenn Firmen ihre Einkäufer rotieren bzw. häufig wechseln lassen. Solche Austauschmanöver sind Absicht. Denn so reißt die Verbindung zum Kunden, der Draht, der Sie und Ihren Verhandlungsgegner vielleicht verbindet, immer wieder ab. Einerseits wird so Vetternwirtschaft verhindert. Andererseits benötigt ein Kennenlernen natürlich immer Zeit.

Es geht in einem Verkaufsgespräch häufig darum, den anderen ungewöhnlich rasch einzuschätzen: Wie könnte er reagieren? Worauf springt er an, damit beide Seiten einen Erfolg im bevorstehenden Verkaufsgespräch erzielen können?

Dazu haben wir ebenfalls einen Rat für Sie. Erkennen Sie den anderen am Gesicht! Facetelling für Verhandler hat sich bewährt und lässt das Einschätzen des Gegenübers an bestimmten Gesichtsmerkmalen zu. Schon der Dichter Friedrich Martin von Bodenstedt (*1819/+1892), ein deutscher Philologe und Übersetzer, dichtete einst:

*„In jedes Menschen Gesichte steht seine Geschichte,
sein Hassen und sein Lieben deutlich geschrieben.
Sein innerstes Wesen, es tritt hier ans Licht,
doch nicht jeder kann's lesen, versteh'n jeder nicht."*

Sie können Facetelling, das Lesen aus dem Gesicht des Gegenübers, für sich nutzen. So lassen sich bestimmte Vorlieben und – natürlich nur grobe – Charaktereigenschaften aus dem Gesicht und dessen Falten erkennen. Tatsächlich sind Sie damit in der Lage, anhand dieser Vorgehensweise Ihre eigene Verkaufstaktik zu optimieren.

Zu den auffälligsten Merkmalen in einem Gesicht gehören zweifellos die Stirnfalten. Aus der Stirn lassen sich Fähigkeiten ablesen, die wir uns zurechtgelegt haben. So bedeuten z.B. lange, durchgehende Stirnfalten Durchhaltevermögen. Jemand, der solche Stirnfalten besitzt, hält in der Regel an einem Projekt fest und zieht es entschlossen von Anfang bis Ende durch. Dagegen sind unterbrochene oder mit einem deutlichen Zacken versehene Stirnfalten eher bei Menschen zu finden, die ein Projekt gerne unterbrechen. Sie nehmen es später wieder auf, um es genauer unter einem anderen Blickwinkel zu betrachten.

Natürlich handelt es sich nur um Hinweise, wie Ihr Verhandlungsgegner auf bestimmte Dinge reagieren könnte. Es sind keine festgeschriebenen Regeln. Achten Sie darauf,

wie bei allen Versuchen, Ihren Verhandlungsgegner einzuschätzen, und vermeiden Sie den Fehler, von sich auf andere schließen und erklären Sie nicht die eigene Vorgehensweise für allgemeingültig!

Die sogenannte Zornesfalte ist ein weiteres gutes Beispiel. Beim Facetelling gilt sie als sogenannte „Willensfalte". Je stärker sie ist, desto stärker kann auch der Wille des Gegenübers sein. Das kann man – je nach eigenem Naturell – natürlich positiv oder negativ betrachten. Eher negativ interpretiert bedeutet diese Willensfalte, dass Menschen etwas unbedingt wollen, auch wenn sie es vielleicht nicht brauchen und sich stur an ihrem Vorhaben „festbeißen". Trotzdem kann man diese Falte auch positiv bewerten. Solche Menschen verfolgen hartnäckig ihr Ziel, auch wenn sie es vielleicht nicht sofort bekommen.

Interessant ist auch die Interpretation eines Oberlippenbarts unter dem Aspekt des Facetelling. Er bedeutet in diesem Zusammenhang Dominanz. Ist Ihre Verhandlungsgegnerin eine Frau, dann wird sich diese Charaktereigenschaft natürlich nicht in einem „Schnauzer" äußern. Es wird sich eher in streng frisiertem oder hochgestecktem Haar, in einem klassischen, gedeckten Kostüm oder raumgreifenden Schritten zeigen.

Insignien der Macht kennt jedes Geschlecht und jede Kultur. In unserer Hemisphäre wird das durch ein Auto, einen teuren Füller oder eine wertvolle Armbanduhr demonstriert.

Eine solche zu Schau gestellte Dominanz kann als unangenehm empfunden werden. Auch hier geben wir den Hinweis, dass eine solche Dominanz nicht unbedingt negativ gewertet werden darf. Eine Möglichkeit, solchen Menschen zu begegnen, besteht darin, ihnen gleich zu Beginn einer Verhandlung kleinere Dinge zur Entscheidung zu überlassen. Das schmeichelt ihrem Anspruch. Man kann beispielsweise fragen: „Wie wollen wir heute verfahren?" oder: „Wo darf ich mich hinsetzen?"

Mit solch kleinen Entscheidungen, die Sie dem Gegenüber überlassen, kann die Wahrnehmung des Einkäufers bereits gelenkt werden. Hat er nämlich schon zu Beginn begriffen, dass er entscheiden darf, muss er es nicht mehr im Verlaufe des Gesprächs klarstellen – also an einer Stelle, wo es störend auf die Verhandlung und damit auf Ihr Ergebnis und Ihren Erfolg wirken könnte.

Neigt Ihr Verhandlungsgegner dagegen zur Unschlüssigkeit und ist wenig entscheidungsfreudig, können Sie ihm kleinere Entscheidungen, wie eben angesprochen, abnehmen. Sinnvoll sind unter solchen Umständen geschlossene Fragen. Das hilft, ihm die eventuelle Unsicherheit zu nehmen und die Verhandlung in eine für Sie gewinnbringende Richtung zu lenken.

Ebenso lässt sich aus den Lippen eines Menschen einiges ablesen. Volle Lippen sprechen in der Regel für einen sinnenfreudigen Menschen. Das Gegenüber ist wahrscheinlich gern bereit, über emotionale Dinge zu reden. Vielleicht gibt es gemeinsame Hobbys oder Privatinteressen, über die ein Gesprächseinstieg leichter gestaltet werden kann. Generell lässt sich sagen, dass in der Unterlippe der Genuss, in der Oberlippe das Gefühl steckt. Je voller die jeweilige Lippe, desto ausgeprägter ist bei diesem Menschen die jeweilige Charaktereigenschaft. Schmale Lippen finden sich dagegen mehr bei Menschen wieder, die Wert auf Zahlen, Fakten und Daten legen.

Erwähnenswert ist noch der Amorbogen. Dieser befindet sich zwischen Nase und Oberlippe. Ein stark ausgeprägter Amorbogen steht für ein hohes Einfühlungsvermögen einer Person. Hat der Einkäufer, mit dem Sie verhandeln, einen solchen, kann es sein, dass er Empathie besitzt. Ein Vorteil für Sie – Auskommen und Verhandeln wäre mit ihm leichter. Allerdings müssen Sie in so einem Fall natürlich sich selbst genauer beobachten. Denn Ihr Gegenüber reagiert empfindlicher auf Stimmungsumschwünge oder Taktiken, die für ihn nachteilig sein könnten.

Diese Interpretationen sind nur Indizien darauf, wie Ihr Gegenüber während eines Gesprächs oder einer Verhandlung reagiert. Darauf möchten wir nochmals ausdrücklich verweisen: Irrtümer sind immer möglich. Es ist an Ihnen, flexibel zu reagieren, wenn sich eine solche Interpretation als Fehleinschätzung oder als nur wenig zutreffend erweist.

Ein gutes Beispiel dafür ist die Tatsache, dass vor der Brust verschränkte Arme meist als Ablehnung interpretiert werden. Das ist nicht der Fall! Beobachten Sie sich selbst in Situationen, in denen Sie diese Haltung einnehmen. Tun

Sie das, weil Sie Ihren Gesprächspartner oder seinen Standpunkt tatsächlich ablehnen? Unsere Erfahrung in Verhandlungen zeigt uns, dass es genauso Interesse bedeuten kann. Das Gegenüber nimmt dann diese Haltung ein, weil es über einen bestimmten Aspekt genauer nachdenkt, den wir nannten. Oft verschränken Menschen aus viel einfacheren Gründen die Arme. Sie möchten bequemer sitzen, indem sie auf diese Weise ihren Oberkörper stützen. Und manchmal haben sie einfach kalte Hände – die Raumtemperatur wird vom Verhandlungsgegner vielleicht nur kälter wahrgenommen als Sie es empfinden.

Entscheidend an solchen Gesten ist, dass Sie die kleine Haltungsänderung des Gegenübers aufnehmen. Sprechen Sie den Verhandlungsgegner darauf an: „Was hat sich gerade geändert? Habe ich etwas angesprochen, das Sie interessiert?" So können Sie etwaige Ablehnung gleich entkräften und die Verhandlung wieder in eine für Sie positive Richtung führen. Weitere nützliche Hinweise in Bezug auf das Thema „Facetelling" hat Kurt in einem praktischen Ratgeber zusammengetragen und näher erläutert.

Abschließend fassen wir alle wichtigen Punkte für Sie zusammen:
- Jeder Mensch hat eine persönliche Skala, ein ganz persönliches „Thermometer". Machen Sie sich bewusst: Wo stehen Sie? Wo sehen Sie Ihren Verhandlungsgegner? Wie könnte er Sie wahrnehmen?
- Sie können den anderen, Ihren Verhandlungsgegner, nicht ändern. Genauso wenig können bzw. sollen Sie sich ändern. Suchen Sie nach Möglichkeiten, dem anderen auf dessen persönlichem „Thermometer" entgegenzukommen.
- Seien Sie positiv! Gehen Sie so auf den anderen zu.

- Nutzen Sie Facetelling als Hinweis auf die Charaktereigenschaften Ihres Verhandlungsgegners.
- Fällt Ihnen eine Verhaltensänderung auf und Sie sind unsicher, wie Sie diese einzuschätzen haben, fragen Sie nach. Geben Sie dem Verhandlungsgegner Gelegenheit, sich zu äußern, damit Sie einen etwaigen negativen Umschwung rechtzeitig auffangen und wieder ins Positive wenden können.

KAPITEL 8

Sehen Sie die Bedürfnisse hinter den Bedürfnissen!

Eine, wenn nicht die zentrale Frage in einer Verhandlung lautet: Was kann ich tun, um die Beziehung zum Verhandlungspartner zu unterstützen? Sehr zur Überraschung vieler, mit denen wir diesen Themenkomplex besprechen, lautet die „richtige Antwort" auf diese Frage nicht: „Schmeicheln Sie sich mit Pralinen oder kleinen Geschenken ein!" oder gar: „Tun Sie einfach das, was der andere von Ihnen erwartet!"

Die Antwort auf die Überlegung ist vielmehr eine weitere Frage. Welches Bedürfnis steckt hinter dem Bedürfnis, das Ihr Verhandlungsgegner oder der Einkäufer äußert? Selbstverständlich wird Ihr Verhandlungsgegenüber Ihnen das kaum klar und deutlich ins Gesicht sagen. Aber zumindest wird er es Ihnen indirekt zu verstehen geben. Es geht im Kern um etwas, das hinter der Oberfläche liegt – also hinter dem, was der Verhandlungspartner Ihnen in einer Verhandlung mitteilt.

Auch an dieser Stelle möchten wir Sie noch einmal darauf hinweisen: Sie haben es in einer Verhandlung, in einem geschäftlichen Gespräch mit einem Menschen zu tun. Das muss immer wieder ins Bewusstsein gerufen werden, weil genau dieser entscheidende Umstand leicht vergessen wird. Egal, was Sie von Ihrem Gegenüber halten mögen, wie es sich gebärdet oder wie es Sie behandelt, Sie sollten sich auf jeden Fall bei der Beantwortung der Fragestellung „Was steckt hinter den geäußerten Bedürfnissen des Einkäufers?" klarmachen, dass es erst in zweiter Linie um eine eventuell erforderliche Analyse des entgegengebrachten Verhaltens geht. Sehen Sie davon ab, sich in erster Linie auf Taktiken, Tricks oder präsentierte Zahlen und Fakten zu konzentrieren.

Alles das ist sicher wichtig. Allerdings handelt es sich nur um einen Teil der Einstellung, die in einer Verhandlung ausschlaggebend ist. Was also können Sie konkret tun, um der Person gegenüber das Gefühl zu geben, sie sei gleichfalls ein Mensch und mit Ihnen auf einer Augenhöhe? Auf das „persönliche Thermometer", das jeder von uns besitzt und auf dem jeder seine Umwelt einschätzt, sind wir bereits im vorigen Kapitel ausführlicher eingegangen. Hält man sich das vor Augen, werden einem oft erst die eigenen Bedürfnisse und Wünsche bewusst. In Bezug auf einen Einkäufer bedeutet das übersetzt: Sie sind gut beraten, im Einkäufer, dem Empathie im Sinne seines Unternehmens oft abtrainiert wurde, eben diese Empathie erneut zu wecken.

Es geht darum, sich Folgendes bewusst zu machen: Was lieben Einkäufer, und was hassen sie? Bedenken Sie bei der Beantwortung dieser Frage: Neben dem externen Wettbewerb, der hauptsächlich Lieferanten betrifft und der dem Einkäufer eher nutzen kann, gibt es den internen Wettbewerb, unter dessen Blickwinkel für den Einkäufer natürlich alles steht, und der vom Lieferanten weitgehend unabhängig verläuft.

Das ist für den Lieferanten von Vorteil, wenn er Argumente bringen kann, die dem Einkäufer in seinem firmeninternen Wettbewerb nutzen und ihn dort weiterbringen.

Sehen Sie die Bedürfnisse hinter den Bedürfnissen

In der bereits angesprochenen Vorab-Recherche kann dieser Punkt gleich mit berücksichtigt werden. Es kann nur von Nutzen sein, wenn Sie wissen, wo das Unternehmen im Wettbewerb steht, was es erreichen will, wo es seine Kernkompetenz sieht – also was der Einkäufer Ihnen gegenüber zu vertreten hat. Informieren Sie sich entsprechend mithilfe des Internets, der Nachrichten, aber auch den sozialen Netzwerken und ähnlichem über den Einkäufer und sein Unternehmen.

Wenn Sie diese Informationen im Gedächtnis behalten und dem Einkäufer auf diese Weise menschliche Wertschätzung vermitteln, wird Ihnen dieses Wissen bei der Verhandlung helfen – gleich, welche Zahlen, Fakten oder Daten auf dem Tisch liegen.

Außerdem schätzen Einkäufer es sehr, wenn der Lieferant lösungsorientiert verhandelt. Im Gespräch kann also eine gewisse Kompromissbereitschaft spürbar werden. Lassen Sie dem anderen die Chance, dass er sich erklären kann, sodass ein Aufeinanderzugehen möglich wird. Das heißt auch, dass Sie Ideen nicht nur beim Sell-In anbringen. Betrachten Sie bereits vor dem Termin, inwiefern Ihr Produkt dem Einkäufer nutzen könnte. Wie könnte er es innerhalb der Parameter, die Sie im Idealfall vorher recherchiert haben, gut platzieren oder darstellen? Wie könnte er es besonders gut verkaufen? Die Antwort auf diese Frage nutzt sowohl Ihnen als auch dem Einkäufer. Zeigen Sie aus Ihrem Blickwinkel heraus Lösungsvorschläge, die das Sell-Out des Produkts fördern. Im Grunde schlagen Sie so zwei Fliegen mit einer Klappe: Sie helfen dem Einkäufer, indem Sie ihm die Arbeit erleichtern – aber gleichzeitig hilft ein solches Vorgehen Ihnen und Ihrem Produkt und fördert so besonders dessen Verkauf. Sie können beispielsweise Schulungsunterlagen über ein Produkt, die eigentlich für Ihr Unternehmen gedacht waren, anwenden. Sie können auch Sortimentsvorschläge machen, die

Sehen Sie die Bedürfnisse hinter den Bedürfnissen

über Ihr eigenes Produkt hinausgehen. Ein solches Vorgehen erscheint auf den ersten Blick ungewöhnlich. Es erweist sich aber unterm Strich häufig als überaus vorteilhaft.

Entscheidend ist demnach die Überlegung, wo Sie den Einkäufer in seinem eigenen Feld unterstützen können. Wo spart er Geld und hat wenig Aufwand? Wie schon anklang, erscheint eine solche Hilfestellung zunächst unsinnig: Warum sollten Sie sich als Verkäufer, als Lieferant, den Kopf Ihres Verhandlungsgegners zerbrechen? Aber indem Sie zu erkennen geben, dass Sie das tun wollen, überraschen Sie Ihren Verhandlungsgegner positiv. Das zieht Wirkung nach sich! Der Einkäufer wird eher geneigt sein, sich auf Ihre Ware einzulassen, wenn Sie ihm den Weg zu sich und Ihrem Produkt ebnen. Darüber hinaus nutzt es Ihrem Produkt und damit Ihrem Umsatz. Möglicherweise können Sie auf diese Weise erreichen, dass Ihr Produkt wie vorgesehen und geplant an den Endkunden gelangt. Sie können damit auf den Vertrieb Ihres Produktes durch den Verkauf an ein Unternehmen über den Einkäufer hinaus Einfluss nehmen.

Wieder kann Christian ein Beispiel geben. Ein Lieferant hatte zu viele Warendisplays an den Einkäufer abgegeben, mit dem Christian jetzt zu verhandeln hatte. Zunächst erwähnte der Einkäufer Christian gegenüber nichts von den Displays, die er nicht zu verwenden wusste. Dennoch hatte diese zusätzliche, unüberlegte Abnahmeentscheidung des Einkäufers Auswirkungen auf das laufende Verhandlungsgespräch. Christian, mittlerweile durch etliche Seminare geschult, bemerkte ein leichtes Zögern des Einkäufers, auf seine Angebote einzugehen. Jedoch konnte Christian den Grund nicht identifizieren. Er hatte die Taktik des Einkäufers erkannt, war auf diese eingegangen, hatte versucht, die Preise, Liefermengen und

Lieferdaten für sein Produkt dem verhaltenen Entgegenkommen des Einkäufers anzupassen – alles vergeblich.

Erst als Christian eine direkte Frage stellte: „Ich sehe, Sie haben noch Bedenken. Wie kann ich diese entkräften?", rückte der Einkäufer mit der Wahrheit heraus: Er hatte einem vorigen Lieferanten zu viele Warendisplays abgenommen. Nun ließen sich diese im Nachhinein nicht verwenden. Christian wurde damit schnell bewusst, dass das „Standing" des Einkäufers in seinem eigenen Unternehmen durch diese letztendlich überflüssige Transaktion gelitten hatte. Für eine unbrauchbare Ware war unnötig Geld ausgegeben worden. Christian hörte dem Einkäufer geduldig zu. Dabei wurde ihm durch geschicktes Nachfragen klar, dass man mit ein paar kleinen Änderungen diese Displays für seine eigenen Produkte verwenden könnte. Er teilte seinen Gedanken mit dem Einkäufer. Dieser Lösungsvorschlag änderte das Verhalten des Verhandlungsgegners Christian gegenüber schlagartig. Er wurde freundlich und zugänglich. Schließlich endete die Verhandlung sogar damit, dass die ursprünglich von Christian angestrebte Abnahmemenge seines Produkts übertroffen wurde. Auch beim vorgeschlagenen Preis konnte Christian bleiben. Darüber hinaus bekam er die Gelegenheit, sein Produkt in den Filialen des Einkäufers gesondert darzustellen. Christian bekam eigene Displays, die seiner Firma zu teuer in der Anschaffung und Herstellung gewesen wären. Durch diese verkaufsfördernde Maßnahme konnte mit der Zeit mehr von Christians Produkten abgesetzt werden, als er selber erwartet hatte.

Sehen Sie die Bedürfnisse hinter den Bedürfnissen

Das zeigt, dass der Fehler eines anderen Lieferanten, der nicht über „seinen Tellerrand" hinaussah, indem er z.B. eine zu große Menge einer bestimmten Ware verkaufte, zum eigenen Vorteil genutzt werden kann. Die Kunst liegt im Zuhören und in der Vorbereitung. Es verbirgt sich darin auch ein Hinweis: derartige Kurzsichtigkeit in Zukunft zu vermeiden! Das Beispiel von Christian verdeutlicht ebenso, dass auch ein vermeintlicher Gewinn aus einem Gespräch (der Absatz von einer großen Anzahl von Displays) langfristig gesehen ins Gegenteil umschlagen kann. Der Lieferant, der aus reinem Eigeninteresse zu viele Displays verkaufte, hat nunmehr einen schlechteren Stand beim Einkäufer.

Natürlich gibt es auch andere Möglichkeiten, den Einkäufer außerhalb der Verhandlung zu fragen, was Sie abgesehen von Konditionsbestandteilen veranlassen können, um seine Arbeit zusätzlich zu unterstützen. Ein Geschäftsessen bietet sich beispielsweise an. Sprechen Sie mit ihm über die Umsetzung der gemeinsamen Pläne! Nehmen Sie dem Einkäufer also Arbeit ab!

Trotz aller taktischen Überlegungen: Vergessen Sie darüber hinaus nicht, Ihrem Gegenüber Wertschätzung zu zeigen. Ihr Interesse sollte nicht oberflächlich sein, sondern ernsthafter Natur. Ein falsches Spiel ist kaum dauerhaft durchzuhalten. Wie das Beispiel oben zeigt, können so falsche Angebote und Missverständnisse entstehen. Das belastet langfristig den Erfolg und die wichtige gute Beziehung zum Einkäufer. So entstehen Teufelskreise: Der Einkäufer fühlt sich nicht wertgeschätzt und verweigert einen Abschluss, weil das Angebot für seine Zwecke untauglich oder in dieser Form nicht zu gebrauchen ist. Vermeiden Sie deshalb, dass der Einkäufer mit einem unguten Gefühl aus der Verhandlung mit Ihnen geht, weil ihn der Abschluss eher be- als entlastet.

Ein wichtiges Fazit ist, dass in einer Verhandlung Vertrauen geschaffen werden soll. Signalisieren Sie dem Einkäufer, dass er nicht bei jedem Ihrer Besuche wieder neu anfangen muss, Konditionen, Preise oder Bedingungen auszuhandeln. So weiß der Einkäufer, dass er in Sie und Ihr Unternehmen Vertrauen fassen kann. Das wirkt sich im Endeffekt für Sie günstig aus! Wenn es möglich ist, versuchen Sie eine persönliche Ansprache, einen persönlichen Einstieg ins Gespräch. Doch seien Sie ehrlich – authentisch – dabei!

Haben Sie beispielsweise in Ihrer Recherche herausgefunden, dass Ihr Verhandlungsgegner ein Fußball-Narr ist, sollten Sie nur dann darauf eingehen, wenn Sie es selbst sind oder zumindest eine gewisse Freude an diesem Sport haben. Mangelnde Authentizität kann Ihnen das Genick brechen. Stellen Sie sich vor, wie es Ihnen an Stelle Ihres Gegenübers ergehen würde?

An dieser Stelle möchten wir noch einmal ausführlich auf das Eisberg-Modell eingehen. Sie erinnern sich: Ein Eisberg liegt zu 92 Prozent unter Wasser. Nur acht Prozent des Ganzen ragt über die Wasseroberfläche hinaus, ist also sichtbar.

Ähnlich ist es mit einer Verhandlung. Nur zehn Prozent des Gesprächs, der ausgetauschten Argumente sind auf den ersten Blick als das erkennbar, was sie wirklich sind. Meist handelt es sich um die Zahlen, mit denen verhandelt wird. Das sind Fakten, die man recherchiert hat und Daten, die schwarz auf weiß vor einem liegen und beweisbar sind. Wir nennen das „ZDF" – Zahlen, Daten, Fakten. Ein großer Teil des Gesprächs findet jedoch auf einer verborgenen

Sehen Sie die Bedürfnisse hinter den Bedürfnissen

Ebene statt. Es sind eben die 92 Prozent des „Verhandlungseisbergs", die unter der sichtbaren Oberfläche liegen. Rund neunzig Prozent einer Verhandlung bestehen aus der intuitiv spürbaren Beziehung der Gesprächsteilnehmer untereinander. Es liegt auf der Hand, dass jemand, der unter die Oberfläche blicken und einordnen kann, was dort geschieht, ja, der gar diese Informationen für sich nutzen kann, jedem anderen gegenüber im Vorteil ist. Diesen unsichtbaren Teil bezeichnen wir als „ARD" – Ahnen, Raten und Deuten. Die Abkürzungen „ZDF" und „ARD" haben sich als hilfreiche Eselsbrücken erwiesen.

Sie sehen, entgegen der landläufigen Meinung kommen Sie allein mit Zahlen, Daten und Fakten in einer Verhandlung unter Umständen nicht weit.

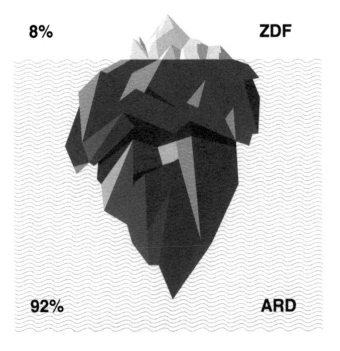

Sehen Sie die Bedürfnisse hinter den Bedürfnissen

Die Grafik verdeutlicht, dass eine Verhandlung in der Tat zu neunzig Prozent aus Beziehung besteht und keine rein sachliche Angelegenheit ist. Argumentiert der Einkäufer mit Zahlen gegen Sie, sollten Sie genau hinhören: Was will er wirklich sagen, wenn er sich trotz aller sachlichen Korrektheit gegen Ihre eindeutigen Fakten ausspricht?

Auch hier zeigen Christians Erfahrungen, was gemeint ist. Ein Einkäufer, mit dem er sich oberflächlich gut verstand, wollte unter keinen Umständen einer Lieferverzögerung zustimmen. Christian war ihm im Preis entgegengekommen. Er hatte sogar Schwierigkeiten in seinem Unternehmen und für seinen Arbeitgeber in Kauf genommen, um die Liefermenge auf die gewünschte Höhe zu steigern – und nun bezeichnete der Kunde es als unakzeptabel, dass sich die Lieferung der Ware selbst nur um einen Tag verzögerte.

Durch die Drohung des Einkäufers, bei Ablehnung der Forderung den Auftrag ganz zu stornieren, sah Christian bereits seine Felle davonschwimmen. Bevor die Lage derart eskalieren konnte, entschied Christian sich für einen Umweg. Vorsichtiges Nachfragen ergab, dass der Einkäufer bereits öfter mit Schwierigkeiten dieser Art zu kämpfen gehabt hatte. Es handelte sich dabei allerdings um Schwierigkeiten mit dem direkten Wettbewerb von Christian. Unglücklicherweise hing dem Einkäufer in seiner Firma nun der „Ruf" an, er sei zu weich und gebe zu rasch zu Ungunsten des Unternehmens den Verkäufern nach.

Christian erkannte die Situation, in der sich der Einkäufer nun befand. Die Lösung war einfach: Christian versprach, den größten Teil der Ware bereits zum gewünschten Termin zu liefern, den Rest nur knapp später. Er war in der Lage, sein Angebot so umzuschichten, dass der Einkäufer mit einem kleinen Zwischenschritt bekam, worauf er bestand. Durch diese Lösungsvariante blieb der Auftrag für Christians Unternehmen erhalten.

Wie die Grafik oben zeigt: Hätte Christian nur mit Zahlen und Fakten auf die Argumente reagiert, die der Kunde nannte, hätte dieser ihm den lukrativen Auftrag entzogen. Er wäre nur auf die Spitze des Eisbergs eingegangen. Wind, der einen Eisberg entgegen einer kraftvollen Meeresströmung bewegen will, wird wahrscheinlich kaum Einfluss auf eine Kursänderung nehmen können. Trotz Westwind wird sich der Eisberg nach Osten bewegen, wenn ihn die Meeresströmung in diese Richtung zieht.

Genauso verhält es sich in einer Verhandlung. Selbst eine geringe Abweichung kann die Gespräche zum Scheitern bringen, wenn die Beziehungsebene nicht stimmt. Sätze wie „Wir können das Produkt aber erst einen Tag später liefern", können in einer solchen Situation das „Aus" bedeuten. Bevor sich unüberwindliche Hindernisse aufbauen, lautet unser Rat: Erkennen Sie die Bedürfnisse hinter den Bedürfnissen.

Begegnet Ihnen in einer Verhandlung eine starre Haltung, ist es falsch, mit einer „Einwandbehandlung" als Gegenmittel zu reagieren. Vermeiden Sie, ebenfalls schroff und unnachgiebig zu argumentieren. Es empfiehlt sich in solchen Situationen, erst den Menschen „zu reparieren", bevor es in der Sache weiter geht. Aus irgendeinem Grund ist der Verhandlungsgegner – der Mensch – getroffen und emotional im Ungleichgewicht. Verlaufen die Gespräche unerwartet holprig und schwierig, liegt es häufig nicht an den Sachargumenten. Vielmehr raten wir in so einem Fall, individuell auf den Verhandlungsgegner einzugehen. Wenn der Einkäufer

Sehen Sie die Bedürfnisse hinter den Bedürfnissen

emotional negativ reagiert, ist es von Vorteil, erst einmal auf ihn zuzugehen, Vertrauen herzustellen und Wertschätzung zu vermitteln. Erst wenn der Mensch „repariert" – sprich: wieder ausgeglichen und offen – ist, kann die Sache selbst behandelt werden. Die Verhandlungen nehmen erst dann wieder einen normalen Verlauf.

Natürlich hat das „Auf-den-anderen-Zugehen" seine Grenzen. Verstehen Sie uns richtig, Sie sollen und können keinen „psychologischen Dienst" leisten. Sorgen Sie einfach im Rahmen Ihrer Möglichkeiten für eine entspannte Atmosphäre. Dabei kommen Sie nur durch Nachfragen weiter. Verlässlichkeit und Wertschätzung liegen eng zusammen und sind das A & O in einer geschäftlichen Beziehung. Wenn Sie sehen, dass der Verhandlungsgegner Ihrer sachlich und fachlich korrekten Argumentation nicht folgt, fragen Sie nach. Stellen Sie Ihre Glaubwürdigkeit wieder her.

Sie sind allerdings immer gut beraten, diese Bedürfnisse hinter den Bedürfnissen außerhalb der eigentlichen Verhandlung zu klären. Wird die Beziehungsebene mit den Fakten vermischt, kann die Verhandlung in die falsche Richtung beeinflusst werden. Es entstehen Missverständnisse – und der Eindruck beim Einkäufer, Sie würden ihn und besonders seine Kompetenz und Sachkenntnis nicht wertschätzen! Das löst oft eine Kränkung des Egos aus. Damit verschlechtert sich die Gesprächsatmosphäre. Beobachten Sie also ebenso den Stimmungsverlauf Ihres Gegenübers.

Wertschätzung und deren Vermittlung sind ein wichtige Punkte, auf die Einkäufer meist positiv reagieren. Hat beispielsweise ein Einkäufer vor, zu einem vereinbarten Geschäftstermin seinen Bereichsleiter mitzubringen, ist es sehr ungeschickt, ebenfalls mit einem Vorgesetzten zu erscheinen. Es kann leicht Folgendes passieren: Die Wertschätzung, die man vermitteln möchte, wird nicht auf den eigentlichen Verhandlungsgegner bezogen, also Sie selbst, sondern auf

Ihren Vorgesetzten übertragen. Das verhindert das Gespräch auf Augenhöhe! Zeigen Sie sich kompetent und authentisch! Natürlich vorausgesetzt, dass Sie befugt sind, zu entscheiden. Termine, die vergeblich angesetzt wurden, weil keine Ergebnisse auf Grund mangelnder Autorisierung erfolgten, gehören zu den großen Ärgernissen im Geschäftsleben. Es ist verschenkte Zeit.

Klären Sie deshalb Ihre eigene Entscheidungskompetenz und auch die Ihres Verhandlungsgegners im Vorfeld. So entsteht keine Verwirrung über Zuständigkeiten und wer für den Auftrag verantwortlich ist.

Eigentlich versteht es sich von selbst, dennoch möchten wir diesen Punkt erwähnen. Absolut tabu im Umgang mit Einkäufern ist ein direktes bzw. vorsätzliches Belügen oder der Missbrauch von Vertrauen. Eine gewollte Falschaussage, die absichtlich oder unabsichtlich erkannt oder offengelegt wird, zerstört Vertrauen! Das betrifft neben der Spitze des Eisbergs entscheidend die Ebene darunter, die wir als „ARD" bezeichneten. Wird der Einkäufer bewusst hintergangen, ist das Verhältnis zum Verkäufer nachhaltig gestört – und das mit hoher Wahrscheinlichkeit nicht nur für diesen Termin, sondern für viele nachfolgende ebenso. Manchmal zieht sich das Misstrauen so hartnäckig durch die Geschäftsbeziehung, dass die Abneigung auf das Unternehmen des Verkäufers übertragen wird. Dann wird sogar der Nachfolger des Lieferanten und seine Fakten mit Vorsicht, ja, Skepsis und mit Vorbehalt betrachtet – im besten Fall.

Mit einer Falschaussage ist mit allerhöchster Vorsicht umzugehen, selbst wenn Sie kurzfristig einen Vorteil davon haben sollten. Es ist besser, Sie unterlassen diese taktische Überlegung. Zwar wird ein Einkäufer nicht erwarten, dass Sie sich wortwörtlich an die strikte Wahrheit halten – Übertreibungen sind erlaubt! –, aber beweisen Sie Fingerspitzen-

Sehen Sie die Bedürfnisse hinter den Bedürfnissen

gefühl mit dem, was Sie über Ihr Produkt behaupten. Fairness ist eine gute Verhandlungsbasis! Lassen Sie sich Interpretationsspielraum, besonders im Sinne der Verhandlung.

In diesem Zusammenhang ist noch ein weiterer Aspekt von Bedeutung. Eine Marke ist vergleichbar mit einem Konto. Sie können darauf einzahlen oder davon abheben. Wird die Marke in einer geschäftlichen Argumentation für das eigene Produkt betont, heben Sie von diesem Konto ab. Sie ziehen gegenüber dem Einkäufer einen Wert aus der Marke als Verkaufsargument. Je weniger Sie die Vorzüge eines Produkts anhand der Marke beschreiben, desto mehr steigt jedoch der Wert des sachbezogenen Arguments. Und noch etwas spricht gegen die Argumentation mit der Marke: Aus der Marktmacht heraus mit einem Einkäufer zu verhandeln, ist kaum von Vorteil. Es stört das gute Verhältnis. Diese Argumentationsweise suggeriert, dass sich der Gegner nicht auf Augenhöhe befindet. Dieser Stand wird erst eingenommen, wenn die Marktmacht in den Hintergrund tritt. Argumentieren Sie immer selbstbewusst aus Ihrer Position heraus. Verwechseln Sie das nicht damit, sich auf dem „persönlichen Thermometer" über den Einkäufer zu stellen! Die Lieferanten, die sehr starke Marken vertreten, sind an sich schon unverzichtbar. Das weiß der Einkäufer so gut wie Sie selbst. Daher sind Verkaufsbegründungen unnötig, die auf die Marke abzielen.

Die „Überfrachtung" von Argumenten ist ein weiteres Problem. Es tritt immer wieder bei Verhandlungen auf und ist mittlerweile zur Unsitte geworden. Versuchen Sie Überfrachtung zu vermeiden, wo es geht. Produkt-Präsentationen in PowerPoint von über 100 Seiten sind keine Seltenheit! Aber Hand aufs Herz: Wer kann sich so lange auf eine Sache konzentrieren bzw. wer hat die Zeit für ein derart ausgiebiges

Sehen Sie die Bedürfnisse hinter den Bedürfnissen

Studium? Wer merkt sich alle Vorteile, Argumente und Fakten, die in so einer Präsentation genannt werden?
Es gilt eine Regel, die einfach zu behalten ist: So strukturiert wie möglich und so ausführlich wie nötig. Vermeiden Sie alles, was nicht direkt zielführend ist! Klammern Sie alles aus, was nur indirekt auf das hinweist, was Sie wirklich wollen. In diesem Zusammenhang verweisen wir nochmals darauf, dass Sie Ihr Verhandlungsziel bereits vor dem Termin definiert haben sollten. Das Buch von Kurt Georg Scheible: „Raus aus der Win-Win-Falle – Verhandeln um zu siegen" geht ausführlich auf die Zieldefinition unter dem Stichwort „S.M.A.R.T." ein. Entscheidend ist dabei, dass Sie Ihr Ziel keinesfalls erst während des Gesprächs definieren dürfen. Ein Mäandern zwischen verschiedenen Möglichkeiten, das für unnötige Verwirrung beim Verhandlungsgegner sorgt, ist oft die Folge. Ein suboptimales Ergebnis für beide Seiten ist dann die Konsequenz.

Dass die gute Beziehung zum Einkäufer die Grundlage erfolgreichen Verhandelns ist, haben wir Ihnen aus unterschiedlichen Perspektiven heraus auf den vergangenen Seiten erläutert. Neben der reinen Etablierung ist aber auch die Pflege einer solchen Beziehung wichtig. Dazu gehört, dass der Einkäufer dosiert und in der Frequenz angemessen kontaktiert wird.
Heutzutage ist in Unternehmen häufig die Ansicht zu finden, dass man den Kunden – den Einkäufer – nicht oft genug kontaktieren kann. Der Vertrieb ist gehalten nachzufragen, wie es mit dem Produkt läuft, ob Änderungen gewünscht sind oder gar ein Neuverhandeln von Konditionen gefragt ist.
Eine wöchentliche Nachfrage kann allerdings das Gegenteil von dem auslösen, was beabsichtigt ist, wenn z.B. der Vertrag über ein Jahr geht und feste Konditionen und Liefer-

Sehen Sie die Bedürfnisse hinter den Bedürfnissen

zeiten vereinbart wurden. Der Kunde reagiert dann gereizt auf Ihren Anruf. Das ist Zeitverschwendung und wird eher als lästig aufgefasst denn als konstruktiv. Das gilt ebenso für Termine, bei denen mangels neuer geschäftlicher Umstände niemand etwas zu sagen hat oder in denen letztendlich nichts verhandelt wird. Wir erwähnten das bereits, aber es kann darauf nicht oft genug hingewiesen werden. Der Alltag zeigt vielfach, dass diese Umstände außer Acht gelassen werden.

Dennoch ist regelmäßiger Kontakt mit dem Geschäftspartner natürlich erstrebenswert. Die richtige Kontaktpflege ist entscheidend. Legen Sie nach einer Verhandlung, nach einem Abschluss fest, wie oft der Kontakt gewünscht wird. Fragen Sie nach, wie oft Sie für den Fall, dass etwas nicht in Ordnung ist, nachhaken können. Denn selbstverständlich ist es konstruktiv, etwaige Probleme zu eruieren und sie gemeinsam aus dem Weg zu schaffen. Das vermeidet eine schleichende, unnötige und damit dauerhafte Beschädigung der eigentlichen Geschäftsbeziehung.

Zum Schluss dieses Kapitels möchten wir noch einmal auf den Nutzen von Protokollen hinweisen. Wie die meisten Verhandlungsgegner wird der Einkäufer wahrscheinlich nur das umsetzen, was ausdrücklich dokumentiert und festgehalten wurde – oder die festgesetzten Punkte zu seinen Gunsten interpretiert ausführen wollen. Eine Dokumentation der Verhandlung und der Ergebnisse noch während des Gesprächs ist daher sehr sinnvoll. Das vermeidet das einseitige „Verbessern" von eigentlichen Vereinbarungen. Denn auch das wird oft als Angriff auf die faire Zusammenarbeit gesehen. Darunter leidet die Wertschätzung der Verhandlungsteilnehmer und damit die positive geschäftliche Beziehung – und das möglicherweise langfristig. Ist eine Vereinbarung am Ende einer Verhandlung getroffen, so hat diese Bestand. Es gibt natürlich Ausnahmesituationen, wenn beispielsweise Faktoren, die außerhalb des Einflussbereichs beider Verhandlungsparteien liegen, zusammenkommen. Die Ausnahme darf jedoch nicht zur Regel werden. Sie umgehen diese Falle damit, dass Sie gleich zu Beginn um ein Protokoll bitten. Ideal ist es, wenn Sie dazu ein eigenes anfertigen, das später zum Abgleich genommen werden kann. Sie vermeiden so böse Überraschungen nach dem Termin!

Folgend haben wir wieder alle wichtigen Punkte im Umgang mit „dem Einkäufer" für Sie zusammengefasst.

- Machen Sie sich die Aufgabe eines Einkäufers bewusst: Er hat besser zu sein als seine Mitbewerber!
- Der Andere, Ihr Verhandlungsgegner, ist ein Mensch wie Sie – mit menschlichen Bedürfnissen. Halten Sie sich das ebenfalls vor Augen. Gehen Sie also auf einer persönlichen Ebene auf den Einkäufer ein!
- Recherchieren Sie dazu den Anderen: Seine Branche, sein Unternehmen und ebenso ihn selber als Person. Stellen Sie mittels Facetelling, über Recherche in sozialen Netzwerken etc. fest, was für ein Mensch Ihr Verhandlungsgegner ist. Trauen Sie sich, diese Informationen zusammenzutragen. Ihre natürliche Scheu davor hilft Ihnen dabei und schärft Ihr höchsteigenes Fingerspitzengefühl, wie mit so hochsensiblen Informationen umgegangen werden sollte.
- Unterstützen Sie den Einkäufer in seiner Aufgabe und darin, seine Position in seinem Unternehmen zu stärken. Die oft daraus resultierende Kompromissbereitschaft kann Ihnen bei Ihrem Gegner den sprichwörtlichen „Stein im Brett" verschaffen – und im Idealfall sogar Ihrem eigenen Produkt nutzen.

Sehen Sie die Bedürfnisse hinter den Bedürfnissen

- Bauen Sie auf die Verbesserung des persönlichen Verhältnisses zum Einkäufer. Es macht rund 90 Prozent der Verhandlung aus! Doch bleiben Sie dabei ehrlich. Wertschätzung dem anderen gegenüber ist dabei das Zauberwort.
- Der Mensch steht im Mittelpunkt jeder Verhandlung. Die Sache ist zweitrangig. Tauchen Unstimmigkeiten im Gespräch auf, gilt die Faustregel: „Repariere" zuerst den Menschen, dann erst den Umstand bzw. die Sache! Fragen Sie nach, gehen Sie auf die Missstimmung ein und ergründen Sie diese. Ein Wind, der nur die Spitze des Eisbergs trifft, hat auf die Unterströmung des Meeres, die den Kurs des Eisbergs bestimmt, keinen Einfluss!
- Vermeiden Sie direkte – vorsätzliche – Lügen oder bewusste Täuschungen, um einen kurzfristigen Vorteil zu erlangen. Missbrauch von Vertrauen stört die Beziehungsebene – also 90 Prozent der Verhandlung! – nachhaltig und wahrscheinlich über den einen Termin hinaus. Im schlimmsten Fall wird sogar das gesamte Unternehmen des Verkäufers belastet. Es kann sogar den Nachfolger treffen, der unter diesem Vertrauensbruch zu leiden hat. Gestattet sind allenfalls kleinere Übertreibungen oder Abweichungen von den Fakten.
- Vermeiden Sie „Überfrachtungen"! Halten Sie sich bei der Präsentation Ihres Produkts an folgende Regel: So strukturiert wie möglich und nur so ausführlich wie nötig! Um das zu erreichen, machen Sie sich vor der Verhandlung, während der Vorbereitungen, mit „S.M.A.R.T." klar, was genau Ihr Ziel ist und worin es besteht.
- Kontaktieren Sie Ihren Kunden nach der Verhandlung mit Augenmaß. Am besten vereinbaren Sie zur Bezie-

hungspflege einen Rhythmus von Telefonaten oder Mails, bei denen etwaige Probleme angesprochen oder gegebenenfalls gemeinsam gelöst werden können. Vermeiden Sie dabei „Überraschungsbesuche"! Nichts ist ärgerlicher als ein Treffen, das keinen Inhalt hat und das unnötig kostbare Zeit raubt. Halten Sie die vereinbarte „Kontaktfrequenz" wie alle anderen wesentlichen Punkte in einem gemeinsam vereinbarten Protokoll fest.

- Die Regel, die für jegliche Gespräche gilt, lautet: hören – verstehen – verstanden haben – einverstanden sein!

Was Einkäufer lieben – und was sie hassen

Ganz zum Schluss eine kleine Checkliste von Dingen, die Einkäufer lieben – und die sie hassen.

Was Einkäufer an Verkäufern lieben
- Verkäufer haben Entscheidungskompetenz.
  Der Verkäufer kann in den Verhandlungen entscheiden und vermittelt dadurch eigene Kompetenz und die Wichtigkeit des Gesprächs bzw. des Gesprächspartners.
- Der Verkäufer unterstützt die administrative Umsetzung des Einkäufers.
  Der Verkäufer unterstützt den Einkäufer bei der Umsetzung von Verhandlungsabsprachen und reduziert dadurch die Komplexität des Geschäfts. Dadurch werden einerseits die Absprachen schneller und effektiver umgesetzt, andererseits erhält der Einkäufer eine zusätzliche Wertschätzung. „Service – leicht & einfach" ist das Motto.
- Der Verkäufer hat sich optimal auf das Gespräch, die Situation und die Gegebenheit vorbereitet.
  Der Verkäufer zeigt dem Einkäufer durch seine sehr gute Vorbereitung, dass er ein wichtiger Gesprächspartner ist.
- Einkäufer fühlt sich fair behandelt.
  Der Verkäufer lässt den Einkäufer nicht als Verlierer aus dem Gespräch gehen. Er gibt ihm ein gutes Gefühl für eine gute Verhandlung mit einem für beide guten Ergebnis.

Sehen Sie die Bedürfnisse hinter den Bedürfnissen

- Der Vorgesetzte des „normalen" Verkäufers kommt regelmäßig zu Gesprächen mit.
  Der Vorgesetzte des Kundenbetreuers nimmt regelmäßig an Gesprächen teil und vermittelt dem Einkäufer die Wichtigkeit seiner Person.
- Dem Einkäufer wird allgemein Wertschätzung zu seiner Person und seiner Leistung entgegengebracht.
  Der Verkäufer bringt der Arbeit des Einkäufers eine ehrliche Wertschätzung entgegen.
- Der Einkäufer wird als gleichwertiger Verhandlungspartner angesehen.
  Der Verkäufer vermittelt dem Einkäufer durch seine Gesten und Handlungen, dass er ihn als gleichwertigen Verhandlungspartner sieht.
- Der Einkäufer wird auch als Mensch wahrgenommen
  Der Verkäufer interessiert sich ehrlich und authentisch für die Person des Einkäufers, dessen Hobbys und Vorlieben.

Was Einkäufer an Verkäufern hassen
- –Unterwürfigkeit
  Der Verkäufer macht sich bewusst oder unbewusst klein und sieht in dem Einkäufer einen übermächtigen bzw. nicht gleichwertigen Verhandlungspartner.
- Aufwand bei der Umsetzung der Absprachen
  Der Verkäufer bringt Vorschläge für Aktivitäten, die für den Einkäufer und dessen unternehmen eine hohe Komplexität haben.
- Gespräche, die nichts bringen, sondern nur Zeit kosten
  Der Verkäufer vereinbart einen Termin für ein Gespräch, das weder ein konkretes Ziel verfolgt noch ein Ergebnis oder zusätzlichen Nutzen bringt. Der Ver-

Sehen Sie die Bedürfnisse hinter den Bedürfnissen

käufer sollte in der Terminanfrage mitteilen, dass es sich um ein Info-Gespräch handelt, damit der Einkäufer nicht überrascht ist. Besser noch wäre es, dass jedes Gespräch dem Einkäufer einen zusätzlichen Nutzen bringt!

- Fehlende Entscheidungskompetenz
  Der Verkäufer hat keine Entscheidungskompetenz und muss jede Verhandlung intern absegnen lassen. Deshalb sollte der Verkäufer seinen Verhandlungsspielraum im Vorfeld mit seinen Vorgesetzten abstimmen, damit er sich als kompetenter Gesprächspartner im Gespräch bewegen kann.
- Fehlende Fachkompetenz
  Der Verkäufer hat keine Fachkompetenz bzw. kennt den Kunden oder den Markt nicht und kann deshalb keinen Beitrag zur Geschäftsentwicklung leisten.
- Fehlende Kompromissbereitschaft
  Der Verkäufer lehnt alle Kompromissvorschläge des Einkäufers ab. Nehmen Sie die Vorschläge des Einkäufers auf und entwickeln Sie daraus eigene Alternativvorschläge!
- Unverständnis für die Situation des Einkäufers
  Der Verkäufer zeigt für die Situation und die Zwänge des Einkäufers kein Verständnis.
- Leistung voraussetzen
  Der Verkäufer setzt bestimmte Leistungen voraus, die der Einkäufer bzw. dessen Unternehmen zu erbringen hat.
- Grundsätzliche Ablehnung
  Der Verkäufer lehnt grundsätzlich alle Forderungen und Argumente des Einkäufers ab. Der Verkäufer sollte zumindest die Forderungen und Argumente aufnehmen und sich mit diesen auseinandersetzen. So kann man dem Einkäufer besser entgegenkommen

und nach dem „Tit-For-Tat"-Prinzip ebenfalls Zugeständnisse einheimsen.
- Überheblichkeit zeigen
Der Verkäufer gibt sich gegenüber dem Einkäufer nicht selbstbewusst, sondern überheblich.
- Abhängigkeit zeigen
Der Verkäufer gibt dem Einkäufer zu verstehen, welche Abhängigkeit zu seinen Artikeln besteht und dass diese nicht durch Artikel von Mitbewerbern zu ersetzen sind. Denken Sie an das „Konto" Ihrer Marke! Heben Sie nicht von diesem Konto ab! Sie sollten sich als Verkäufer immer der Tatsache bewusst sein, dass der Einkäufer die Situation bestens bewertet. Sie brauchen also seine Abhängigkeit von Ihrer Marke nicht noch zusätzlich zu betonen.
- Marktmacht ausspielen
Der Verkäufer zeigt dem Einkäufer, welche Marktmacht er mit seinem Unternehmen und seiner Marke, bzw. seinen Produkten hat.

KAPITEL 9

Das war die Theorie – setzen Sie sie in die Praxis um!

In diesem Buch haben wir Ihnen viele Ratschläge gegeben und Tricks verraten, mit denen Sie einen neuen Blick, eine neue Perspektive auf Verhandlungen mit Ihrem Kunden werfen können. Wir haben versucht, die Perspektive eines Einkäufers – „Im Kopf des Einkäufers" – anschaulich darzustellen, damit Sie erfolgreich verhandeln können. Ferner ist es unser Anliegen, dass Sie aktiv dafür sorgen können, dass eine gute Atmosphäre während der Gespräche entsteht, von der beide Seiten profitieren.

Jetzt ist es an Ihnen, diese Tipps in die Praxis umzusetzen! Natürlich wünschen wir uns, dass Sie vieles von dem mitnehmen können, was wir Ihnen im Verlaufe des Buches erklärt und aufgezeigt haben – idealerweise alles!

Doch was können Sie direkt in den Ablauf des eigenen Verhandelns einbauen? Und wie? Oft fällt es schwer, die „trockene" Theorie praktisch umzusetzen.

Das Anwenden von Taktiken, durchdachten Schachzügen und die psychologischen Erkenntnisse über das Verhandeln, aber auch das Interagieren zwischen Lieferanten und Einkäufer sollen keinesfalls stupide auswendig gelernt werden.

Das war die Theorie – setzen Sie sie in die Praxis um

Es gilt, diese Erkenntnisse im Alltag anzuwenden – täglich und immer wieder. Selbstverständlich betrifft das genauso die Vorbereitungen. Auch das Zusammentragen aller wichtigen Informationen muss, so Sie Ihre Gespräche und Termine nicht ohnehin schon gründlich recherchiert haben, geübt werden! Das ist das Thema dieses – letzten – Kapitels: Das Anwenden dessen, was Sie an Neuem kennengelernt haben.

Neue Erkenntnisse müssen tatsächlich trainiert werden. Sonst verpufft das erworbene Wissen. Es verankert sich nicht in den Gedanken und im Verhalten. Warum das notwendig ist und wie man das Verhandeln an sich am besten übt, vertieft das Buch von Kurt Georg Scheible „Raus aus der Win-Win-Falle – Verhandeln um zu siegen". In den Kapiteln 5, „Training", und 6, „Coaching", geht Kurt Georg Scheible eingehend auf die Hintergründe und Mechanismen ein.

Aber genauso hier, an dieser Stelle, wenn es um das professionelle Verhandeln unter Profis geht, wie Sie es sind, ist das Ansprechen des Themas „Üben" wichtig. Die Verhandlungstaktiken, Tricks und Tipps sollen Ihnen wie selbstverständlich in Fleisch und Blut übergehen. Das ist das Ziel.

Mit Training bezeichnet man im Allgemeinen alle Prozesse, die eine veränderte Entwicklung hervorrufen – und zwar eine, die erwünscht ist. Damit wird unerwünschtes Verhalten abgestellt. Man kann auch sagen, es wird „überschrieben".

Sie müssen also trainieren. Ohne ausreichende Übung werden Sie dieses neue, erwünschte Verhalten, das Ihnen in einer Verhandlung den Erfolg sichern soll, kaum beherrschen – gerade wenn es darauf ankommt! Denken Sie daran, wie Sie Schwimmen oder Radfahren erlernt haben. Durch einmaliges Zeigen oder Vormachen konnte keiner von uns schwimmen oder Rad fahren. Übung hat letztlich den Meister gemacht. Beim Verhandeln verhält es sich ebenso.

Das war die Theorie – setzen Sie sie in die Praxis um

Schaffen Sie neue (Nerven-)Bahnen in Ihrem Verstand, neue Verknüpfungen – je häufiger das neue und einstudierte Verhalten angewandt wird, desto selbstverständlicher wird es. Üben Sie dabei auch Rückschläge! Diese wird es immer geben, besonders dann, wenn Sie den Gegner nicht gezielt oder bewusst beeinflussen wollen. Dass es sich bei Manipulationen um ein überaus riskantes Manöver handelt, darauf sind wir in etlichen Stellen des Buches eingegangen. Es kann im ungünstigen Fall die wichtige Geschäftsbeziehung gefährden.

Es ist wirklich entscheidend, dass Sie sich bewusst machen: Der Gegner ist ein Mensch. Immer. Genau wie Sie selbst! Bleiben Sie fair. Neben dem Aspekt, Ihrem Verhandlungsgegner eventuell einen Gefallen zu erweisen, geht es darum, Werte wie Fairness, Gelassenheit und Kompetenz zu vermitteln. In einer Verhandlung ist die gute Stimmung von immenser Bedeutung. Das betrifft Ihre Stimmung wie auch die Ihres Gesprächsgegners. Nur durch ein angenehmes Miteinander werden Sie auch in Zukunft Ihre Beziehung zum Kunden erfreulich und damit auch erfolgreich gestalten können – in gegenseitigem Respekt.

Niederlagen sind dabei unvermeidlich. Es wird sie immer geben, die Händler und Einkäufer, die sich Ihrer Argumentation verweigern. An diesen Menschen wird jede noch so ausgefeilte Taktik scheitern. Seien Sie in so einem Fall nicht zornig oder niedergeschlagen. Ein „Nein", ein Rückschlag, ist eine hervorragende Gelegenheit, sich selbst zu trainieren. Schließlich lernt man aus Fehlern. Sie bieten die Chance zur persönlichen Weiterentwicklung. Niederlagen können darin bestehen, dass ein Abschluss weniger gewinnbringend ist als geplant. Sie zeigen sich außerdem in der Form, dass Ihr Verhandlungsgegner an Ihnen und an einer angenehmen Beziehung zu Ihnen kein Interesse zeigt. Nehmen Sie diese Ablehnung nicht persönlich, sondern als Gelegenheit, selbst elegant und würdevoll mit dieser Ablehnung umzugehen. Für viele von Ihnen ist das eine neue Erfahrung. Es gehört jedoch zum Verhandeln dazu.

Stellen Sie sich in so einem Fall die Frage, was Sie am erfolgreichen Abschluss der Verhandlung gehindert hat. Seien Sie dabei ehrlich! Betrachten Sie sich und Ihr Verhalten objektiv. Sie werden eventuell feststellen, dass es genauso an Ihnen gelegen haben mag. Vielleicht sind Sie auf den anderen nur halbherzig zugegangen oder Sie haben sich nur bedingt vorbereitet. Versuchen Sie Ihre Schwachstellen sowie Ihre Fehler positiv zu sehen. Machen Sie sich bewusst, dass die häufigsten Ursachen für ein Scheitern mentaler Natur sind. Mit großer Sicherheit liegt ein solches Scheitern nicht an Ihren Fähigkeiten und Kompetenzen!

Verschaffen Sie sich Klarheit über das, was Sie tun und darüber, warum Sie es tun. Vielleicht wird das ungute Gefühl nur zum Teil von einem Gegner suggeriert. Denken Sie an das „Persönliche Thermometer"! Bei näherer Betrachtung ergibt sich oft, dass das schlechte Gefühl, das Sie haben, aus einem Problem mit der eigenen Identität stammt. Die eigene Situation wird anders bewertet, als sie tatsächlich ist – und damit unwillkürlich abgeschrieben.

Ein Coach kann an dieser Stelle helfen. Es hat sich immer wieder gezeigt, dass dieser Schritt, sich von anderen motivieren und helfen zu lassen, von Vorteil ist. Ein Coach ist jemand, der Sie daran erinnert, was zu tun ist und was Sie üben wollen – und sollen! Hier verweisen wir auf die erfolgreichen Beispiele aus dem Bereich des Sports. Ausnahmslos alle erfolgreichen Sportler haben einen Coach an ihrer Seite. Auch Sie können sich durch einen Coach helfen und beraten lassen. Analysieren Sie: Was nehmen Sie aus den Vorschlägen und Tricks, die wir Ihnen vermittelt haben, als besonders sinnvoll mit? Was wollen Sie innerhalb der nächsten Tage umsetzen? Was können Sie im nächsten Gespräch be-

Das war die Theorie – setzen Sie sie in die Praxis um

reits anwenden? Wie sieht Ihre Vorbereitung auf den nächsten Termin aus? Eine sachgemäße Recherche? Das Anwenden einer Taktik beim Verkauf des erweiterten Sortiments Ihrer Firma?

Egal, was es ist – schreiben Sie sich die wichtigsten drei Punkte klar lesbar auf eine Karteikarte oder einen Zettel. Hängen Sie sich diese Notiz über den Schreibtisch. Sie können sich genauso gut den Namen des Einkäufers aufschreiben, mit dem Sie demnächst verhandeln. Notieren Sie sich den Namen Ihres „Angst"-Gegners. Was Sie bei dem Gedanken an ihn mit negativen Aspekten verbinden, drehen Sie jetzt ins Positive um und schreiben es dazu. Gleich, worum es sich handelt, was Sie bewegt – entscheidend ist, dass Sie diese drei Punkte, die Sie umsetzen wollen, konkret mit einem Namen und einem Termin in Verbindung bringen. Diese Notizen sollen Sie daran erinnern, Ihre neuen Vorsätze in die Tat umzusetzen.

Es sollte sich bei diesen drei Punkten um Dinge handeln, die Sie innerhalb der nächsten Tage tatsächlich realisieren können. Das setzt voraus, dass Sie das ernsthaft wollen. Die Erfahrung zeigt, was man innerhalb dieser Zeit nicht geschafft bzw. angegangen hat, wird auch nicht umgesetzt. Machen Sie den ersten Schritt! Das ist ausschlaggebend. Danach brauchen Sie nur noch weiterzumachen.

Ein hilfreicher Kniff, der in Coachings vermittelt wird, ist, dass man sein „To-Do-Programm" mit einem griffigen Namen versieht. Mit diesem Namen wird Ihr Programm verankert. Ihre neuen Vorsätze, die Ziele, die Sie sich gesteckt haben, erhalten ein Schlüsselwort. Dieser Name für das „Umsetzungsprogramm" muss gar nicht mit der Liste selbst in Verbindung stehen. Möglichkeiten für eine Benennung gibt es viele: Vielleicht das Land, in das Sie Ihr letzter Urlaub führte, eine Stadt, die Sie besonders mögen oder ein Gegenstand, mit dem Sie schöne Erinnerungen verbinden.

Wichtig ist nur, dass Sie es für sich sofort in Verbindung mit dieser Liste setzen können. Setzen Sie dieses Schlüsselwort als Überschrift über die Liste der Punkte, die Sie in den kommenden Tagen unbedingt umsetzen wollen. Befestigen Sie den Zettel an einem Ort, an dem Sie ihn regelmäßig sehen. Am besten ist, Sie hängen ihn an Ihrem Arbeitsplatz, Ihrem Computer oder neben Ihrem Telefon auf. Der Sinn dahinter liegt klar auf der Hand: Oft hat man die besten Vorsätze, aber es scheitert an der Realisierung. Selbst wenn ein entsprechender Erinnerungszettel am Rahmen des Computer-Monitors klebt, braucht es häufig einen Anstoß von außen zum ersten Schritt.

Und hier kommt ein Coach ins Spiel. Fällt es Ihnen schwer, sich zu motivieren oder sich den notwendigen Kick zu geben, lassen Sie sich von einem vertrauten Kollegen oder von guten Freund unterstützen. Schreiben Sie einen Brief an sie oder ihn! Es sollte jemand sein, dem Sie wirklich vertrauen. Bitten Sie diese Person in diesem Brief, dass sie Sie in einigen Wochen nach Erhalt des Briefs daran erinnert: Was ist aus deinem Programm geworden? Was machen deine neuen Vorsätze?

Dieser Brief könnte folgenden Wortlaut haben:

Liebe(r) Freund,

Ich schreibe Dir aus meinem Büro/von zu Hause aus. Ich habe gerade ein sehr spannendes und interessantes Buch gelesen. Es inspirierte mich und gab mir viele, neue Ideen. Ich bin entschlossen, diese jetzt umzusetzen. Inzwischen sind schon einige Wochen vergangen und ich habe die Punkte meiner „[STICHWORT, hier setzen Sie das Wort ein, das Sie Ihrer Liste gegeben haben]"-Liste erfolgreich umgesetzt und bin weitere Punkte angegangen.

Das war die Theorie – setzen Sie sie in die Praxis um

Bitte erinnere mich daran, dass da noch viel mehr auf mich wartet und dass ich daran weiter arbeiten will, statt diese Liste zu vergessen. Übrigens möchte ich die Gelegenheit nutzen, um dir zu sagen, was ich schon immer sagen wollte ..."

Nutzen Sie den Brief also auch als eine Gelegenheit, dieser Person Ihres Vertrauens zu sagen, was Sie über sie denken. Schreiben Sie ein Statement. Setzen Sie ein Zeichen für sich selbst, dass Sie bereit sind, offener, ehrlicher und auch respektvoller mit Ihren Mitmenschen umzugehen. Sie bekommen dadurch zusätzlich ein besseres Standing, was sich nicht nur auf die Person Ihres Vertrauens, sondern auch auf Ihr eigenes Selbstvertrauen positiv auswirkt. Es ist ein erster Schritt, um ein freundliches und wertschätzendes Aufeinanderzugehen zu einer Selbstverständlichkeit im Umgang mit Ihnen zu machen.

Sie können Dinge verändern. Beginnen Sie bei sich selbst – und der Person Ihres Vertrauens. Dieser Brief hat zudem eine weitere Wirkung. Dinge, die wir einem anderen anvertrauen, die wir einem anderen quasi versprechen, werden seltener vernachlässigt. Schließlich möchten wir ein gutes Bild abgeben, wenn wir uns schon so weit offenbaren. Wir bemühen uns noch mehr, das Versprechen einzuhalten.

Als Ihr eigenes Coaching-Programm für die Zeit, bis Sie die Erinnerung Ihrer Vertrauensperson bekommen, können Sie dazu folgenden kleinen Trick in die Tat umsetzen, den wir auch den Teilnehmern unserer Seminare am Schluss anbieten: Wenden Sie sich an eine verlässliche Person in Ihrer Umgebung. Geben Sie ihr einen Zettel. Dieser enthält nur ein Stichwort: das Schlüsselwort für Ihre eigene To-Do-Liste. Bitten Sie diese Person, Ihnen diesen Schlüsselbegriff jeden Tag zu mailen, Ihnen eine entsprechende SMS oder gar eine Postkarte mit diesem Begriff darauf zu schicken – und das drei Wochen lang jeden Tag.

Haben Sie sich beispielsweise das Wort „Stern" für Ihre Liste gewählt, kann die Person Ihres Vertrauens die Fantasie spielen lassen. Sie könnte Ihnen ein Gedicht über einen Stern per Postkarte schicken. Oder eine Mail mit einem Stern. Oder einer SMS mit der Frage, ob Ihnen jemand an diesem Morgen schon die Sterne vom Himmel geholt hat? Viele Wege sind möglich, Sie an das Schlüsselwort „Stern" zu erinnern.

Der Effekt ist, dass Sie jeden Tag daran denken, dass Sie nun täglich aufs Neue an Ihre Liste und die Punkte, die Sie an Ihrem Verhalten in einer Verhandlung, Ihrem geschäftlichen Vorgehen ändern wollten, erinnert werden. Das hilft Ihnen, diese Änderungen im Gedächtnis zu verankern und sie sich optimal anzutrainieren.

Die zweite Wirkung, die diese Erinnerungen in Form von Mails, Postkarten oder die SMS auslösen werden, ist eine vielleicht im Geschäftsleben unerwartete: Sie erfahren, dass Sie jeden Tag ein Geschenk bekommen! Jeder Tag bekommt einen Lichtblick, wenn Sie so wollen. Täglich wird ein positiver Impuls ausgelöst, der möglicherweise auf den ersten Blick kaum etwas mit der alltäglichen Routine zu tun hat. Er beschert Ihnen im Laufe der Zeit mit Sicherheit einen neuen Blickwinkel auf Ihre Arbeit. Besonders gilt das, wenn Sie sich bei dem Kollegen, dem Freund, der Ehefrau – wem auch immer Sie diese Aufgabe übertrugen – für die tägliche Erinnerung bedanken! Sie werden sehen: Während dieser Zeit werden unerwartete Dinge passieren.

Es wäre jedoch fatal, sich ausschließlich auf andere zu verlassen. Sie müssen sich selbst überprüfen, sich selbst motivieren, Ihre Liste einzuhalten. Fertigen Sie sich zur Leistungskontrolle einen regelmäßigen Review Ihrer neuen Arbeitsweise an. Auch das unterstützt Sie darin, diese Leistungen und die neuen Errungenschaften, Taktiken und Tricks weiterhin zu benutzen und auszubauen! Listen Sie dabei neben den Erfolgen die Verhaltensänderungen auf, die Sie an sich feststellen konnten. Eventuell werden diese direkt oder indirekt von Ihrem Umfeld reflektiert. Achten Sie entsprechend auf Kommentare, Gesten oder andere Auffälligkeiten.

Diese Dinge helfen Ihnen, mit Freude und Energie an Ihre Arbeit zu gehen. Gehen Sie respektvoll mit Ihren Kunden und Verhandlungsgegnern um, damit man auch Ihnen mit Fairness und Wohlwollen begegnen kann.

Als kleine Zusammenfassung soll Ihnen diese Liste dienen.

- Halten Sie schriftlich fest, was Sie innerhalb der nächsten Tage – nicht Wochen! – umsetzen wollen.
- Trainieren Sie die Punkte auf der Liste auch in Ihrer Freizeit.
- Sich selbst vertrauen: Vertrauen in sich selbst zu setzen, ist gut! Aber bitten Sie dennoch zusätzlich um Unterstützung.
- Machen Sie mehr: Richten Sie ein persönliches Coaching-Programm ein.
- Gewöhnen Sie sich an Rückschläge und Niederlagen!

Nachwort

Kommunikation, so stellen wir zu Beginn dieses Buches fest, ist die Grundlage jeder guten Geschäftsbeziehung. Wie Sie Ihre Kommunikation verbessern und auf eine neue, möglicherweise ungewohnte Basis stellen können, haben wir Ihnen auf den vergangenen Seiten vorgestellt. Gemeinsam mit „Christian" haben wir Problemstellungen verdeutlicht, die immer wieder in Verhandlungssituationen zwischen Lieferanten, Vertrieblern oder Verkäufern auf der einen Seite oder mit Einkäufern auf der anderen Seite geschehen und haben Lösungen aufgezeigt.

Wir wünschen Ihnen, dass Sie erfolgreich und mit Freude verhandeln und Sie Ihre Verhandlungen in einem neuen Licht sehen können. Neben dem nachweisbaren Erfolg gibt es weitere Aspekte, die eine gute Verhandlung ausmachen. Fassen Sie den Begriff „Erfolg" weiter, als ihn nur auf die Summe zu reduzieren, die unter dem Strich für Sie und Ihr Unternehmen herauskommt.

Erfolg kann viele Gründe haben. Dazu gehören Wertschätzung und Respekt, den Sie mithilfe unserer Tipps und Hilfestellungen Ihrem Gegenüber entgegenbringen können. Diese neue Einstellung ermöglicht es Ihnen, die Beziehung zu Ihrem Verhandlungsgegner neu zu interpretieren und zu verbessern. Sie liefert den Impuls, die Zusammenarbeit zu intensivieren, Ihren Umsatz und damit den Gewinn Ihres Unternehmens zu steigern.

Nachwort

Wir wünschen Ihnen, dass das gelingt und bedanken uns für den Respekt und die Wertschätzung, uns durch dieses Buch bis hierher zu folgen!

Ergeben sich Fragen, Anregungen oder wünschen Sie ein Seminar zu diesem und weiteren Themen von ErfolgsCampus, kontaktieren Sie uns unter *info@erfolgscampus.de*. Wir freuen uns, von Ihnen persönlich zu hören. Weitere Informationen können Sie selbstverständlich über unsere Homepage www.erfolgscampus.de abfragen.

Danke!
Ihr
Klaus & Kurt Georg Scheible

Anhang

Kurt-Georg Scheible

Unternehmer – Autor – Redner – Erfolgsverhandler
„Unternehmer-Persönlichkeiten sind die Rebellen der Neuzeit. Daher ist es erforderlich, Werte wie Mut, Kreativität und Idealismus zu fördern und respektvoll anzuerkennen."
  Der renommierte Erfolgsverhandler schlägt die Brücke zwischen zwei Welten. Er ist aktiver Unternehmer aus Leidenschaft und gleichzeitig gefragter Vortragsredner. Sein Wissen aus über 25 Jahren Unternehmertum, unzähligen Verhandlungen und Vorträgen richtet sich an Führungskräfte, Leader, Firmeninhaber sowie erfahrene Manager.

Unternehmer – Erfahren. Dynamisch. Modern.
Seine Karriere begann der gelernte Bankkaufmann und Dipl. Wirtschaftsingenieur als Verkaufsleiter in der Automobilbranche bei einem Zulieferunternehmen. 1994 übernahm Kurt-Georg Scheible eine Papiergroßhandlung. Er baute das Unternehmen erfolgreich um neue gewinnbringende Geschäftssparten, bis zu dessen Verkauf, aus. Bereits 1998 gründete der Erfolgsverhandler gemeinsam mit Partnern ein Ingenieurbüro zur Nutzung regenerativer Energien.

Anhang

Scheibles heutige Unternehmen sind neben Windparkbeteiligungen auch im Export tätig. Kernkompetenzen seiner Firmen liegen in der Entwicklung und Förderung des Unternehmertums – gleich ob Mittelstand oder internationale Konzernebene. Zu seine Kunden gehören Namen wie Procter & Gamble, Deutsche Bank, Nestlé, Beiersdorf, BASF, Capgemini oder RWE. Kurt-Georg Scheible leitet seine Firmen aus praktischen Erfahrungen heraus sowie aus den von ihm entwickelten zukunftsweisenden Grundsätzen. Die nationalen und internationalen Trainings- und Beratungsunternehmen des Experten für Verhandlungen unterstützen Lieferanten aus Automotive und Konsumgüterindustrie in schwierigen Verhandlungen gegen übermächtige Handelskonzerne oder Automobilbauer. Sein dadurch erlangtes Renommee als Experte und Erfolgsverhandler reflektiert Kurt-Georg Scheible ebenso als bekannter und gefragter Keynote Speaker und Vortragsredner.

Redner – Provokativ. Humorvoll. Klar. Deutlich.

In seine praxisnahen, packenden und emotionalen Vorträge fließt jahrzehntelange Erfahrung als arrivierter Unternehmer in verschiedenen Branchen ein. Wirtschaftliche Prozesse als auch unternehmerische Belange faszinieren Kurt-Georg Scheible voller Freude und Begeisterung.

Seine Themen-Schwerpunkte sind Verhandeln, Führung und Unternehmergeist. Die Spezialgebiete bilden die Aspekte „Schwierige und festgefahrene Verhandlungen", „Verhandeln, um zu Siegen" und „Das Entkommen aus der Win-Win-Falle". Die Beispiele aus Scheibles Vorträgen haben stets einen direkten Bezug zur Praxis. Der Keynote Speaker hält alle seine Vorträge frei und ohne Powerpoint. Das honoriert sein Publikum. Auf Kongressen erhält der Erfolgsverhandler für seine Performance und Praxisnähe regelmäßig Top-Bewertungen. Im Juni 2014 erhält Kurt-Georg Scheible für seinen Vortrag „Raus aus der Win-Win-Falle. Verhandeln um zu siegen" beim Deutschen Vertriebskongress von der Conference Group wiederholt den Spitzenplatz mit der Note 1,4. Begeisterte Teilnehmer schreiben an den Veranstalter: Provokativ. Humorvoll. Auf den Punkt.

Erfolgsverhandler – Relevant. Wirkungsvoll. Erfolgsorientiert.
Praxisnähe und die Möglichkeit zur direkten Umsetzung sind Kurt-Georg Scheible besonders wichtig. Der Verhandlungsprofi geht über das reine Referieren zum Thema „Verhandlungsprozesse" weit hinaus. Ihm ist es wichtig, seine Kunden unterstützend bis an den Verhandlungstisch zu begleiten. Sein Motto: „Der Erfolgsverhandler, der mit ins Feuer geht." Zusammen mit seinem Bruder, dem Einkaufsexperten Klaus Scheible hat er mit der Marke „Scheible & Scheible Die Erfolgsverhandler®" das Verhandlungsprogramm „Im Kopf des Einkäufers®" geschaffen. Beide Brüder erweitern seitdem kontinuierlich ihr Unternehmen ErfolgsCampus. Scheible & Scheible führen jährlich über 30 offene Trainings sowie eine Vielzahl firmeninterner Veranstaltungen und Beratungen durch. Ihre Kundenliste liest sich wie das „Who is Who" der deutschen Konsumgüterwirtschaft. Seit 2014 gibt es mit ErfolgsCampus Zürich ebenso eine eigene Ländergesellschaft für die Schweizer Handelslieferanten.

Anhang

Vorträge – Begeisternd. Herausfordernd. Auf den Punkt.

Kurt-Georg Scheible lebt in seinem täglichen unternehmerischen Dasein glaubwürdig vor, was er in Vorträgen und Keynotes seinem Publikum nahebringt. Kaum eine unternehmerische Situation ist ihm fremd, kaum ein Konflikt, den er nicht schon selbst in seinem geschäftlichen Alltag erlebt und erfolgreich gelöst hat. Das macht ihn als Redner authentisch, einzigartig und unverwechselbar. Sein Publikum erlebt: Hier spricht ein leidenschaftlicher Vollblutunternehmer aus der Praxis.

Ein Auszug aus seinem Vortrags-Portfolio:

- Vortrag: Raus aus der Win-Win-Falle (WiWiFa). Verhandeln um zu siegen.
- Vortrag: Preiserhöhung sicher durchgesetzt, bringt Unternehmen Nachhaltigkeit
- Vortrag: Führen statt Managen. Unternehmensführung der Zukunft!

Kurt-Georg Scheible konzipiert außerdem maßgeschneiderte Vorträge für Unternehmen und ihre individuellen Themen und Bedürfnisse. Der direkte Dialog ist eins seiner Markenzeichen.

Auszeichnungen – Sozial. Business. Übergreifend.

Kurt-Georg Scheible ist 5-Sterne-Redner und 5-Sterne-Experte. Er ist Referent bei zahlreichen namhaften Redneragenturen und Best of Semigator sowie „Professional Member" der German Speakers Association GSA und Dozent an internationalen Business-Schools, wie der renommierten

Frankfurt School of Finance and Management. Scheible ist ferner Lehrbeauftragter an mehreren Hochschulen.

Für die Gründung, die langjährige Leitung und sein Engagement über seine Präsidentschaft des sozialen Projekts „Stufen zum Erfolg" hinaus erhielt er 2008 die goldene Ehrennadel der Wirtschaftsjunioren Deutschlands. Kurt-Georg Scheible war Mitglied beim Projekt „Mir schaffet's" der süddeutschen Presse und unterstützt neben weiteren sozialen Projekten seit Jahren „Zwerg Nase", Das Haus für Kinder mit Beeinträchtigungen in Wiesbaden.

Kurt-Georg Scheible ist Mitglied im Deutschen Fachjournalisten Verlag und Autor zahlreicher Fachbeiträge und Bücher. Sein aktuelles Buch „Menschenkenntnis. Personen richtig einschätzen und überzeugen" ist im Cornelsen-Verlag erschienen. Sein nächstes Buch „Win. Win. Verhandeln um zu siegen" erscheint im Herbst 2014 im Wiley-Verlag. Weitere Bücher zu den Themen Verhandeln, Sales und Unternehmensführung befinden sich in der Planung und Umsetzung.

Experte – Print. Radio. Fernsehen.

Als Handels- und Wirtschaftsexperte wird Kurt-Georg Scheible regelmäßig um Rat und Einschätzung gefragt oder von Print, Funk und Fernsehen eingeladen. Vertreten sind dabei die Wirtschaftsredaktionen von RTL, SAT1, NDR, Financial TV, Welt, impulse, Lebensmittel Zeitung als auch The Conference Group. Scheible ist ansonsten geladener Redner auf Handels- und Wirtschaftskongressen und Experte in Diskussionsrunden.

Stimmen seiner Kunden und aus dem Publikum unterstreichen seine Kompetenz:

Anhang

Stimmen seiner Kunden:

Stephan Pregizer, Event-Organisator und Moderator aus Berlin: „Seine motivierenden Reden hält Kurt-Georg Scheible frei und garantiert ohne Powerpoint. Damit reißt er seine Zuhörer immer wieder mit und gibt Ihnen das Gefühl, selbst dabei zu sein und gerade mit ihm am Verhandlungstisch zu sitzen."

Deutsche Bank AG, Frankfurt: „Danke für das sehr gute Seminar. Es hat nachhaltig Eindruck hinterlassen und uns gleich gestern eine Problemlösung ermöglicht."

Thorsten Elbing, Sales Director, Cavendish & Harvey: „Ich bin begeistert! Facetelling und Körpersprache: Etwas das ich auf jeden Fall nutze. Es war ein „Klasse-Seminar"! Und das anschließende Coaching finde ich nur eins: Spitze!"

Hendrik Hasemann, Beiersdorf AG: „Grandios, diese Art von Seminar!"

ated und the Anhang

Klaus Scheible

Unternehmer – Coach – Autor – Erfolgsverhandler
Klaus Scheible kennt Lösungen und Tipps für ergebnisorientierte und erfolgreiche Verhandlungen. Seine Erfahrungen und sein profundes Wissen beruhen auf über 20 Jahren Erfahrung in der Konsumgüterbranche. Der Erfolgsverhandler weiß, welche Tonart zu welcher Gelegenheit passt. Er beherrscht alle Taktiken, die die gesteckten Verhandlungsziele optimal erreichen und kennt die Strategien zur geschickten Platzierung von Forderungen.

Der gelernte Kaufmann und Betriebswirt begann seine Karriere als Handelseinkäufer bei Müller, einem internationalen Handelsunternehmen mit Sitz in Ulm. Klaus Scheible gestaltete als Bereichsleiter den Drogerieeinkauf. 2003 übernahm der Erfolgsverhandler den nationalen und internationalen Gesamteinkauf. 2007 wechselte Klaus Scheible zur coop, Deutschlands größter Konsumgenossenschaft, nach Kiel in die Geschäftsführung. Neben dem Einkauf und dem Vetrieb verantwortete der gebürtige Schwabe ebenso die Logistik.

Seit 2011 ist Klaus Scheible auch in beratender und begleitender Funktion tätig. Das umfangreiche Knowhow aus über zwei Jahrzehnten als Einkäufer, Einkaufsleiter und Geschäftsführer bei führenden internationalen und nationalen Unternehmen des Drogerie- und Lebensmittelhandels fliesst bei seiner Unterstützung der Kosumgüterindustrie bei schwierigen Verhandlungen mit ein. Klaus Scheible ist versierter Verhandlungsspezialist, hat einen Ruf als Erfolgsverhandler und ist gefragter Berater bei renommierten Unternehmen und Organisationen.

Mit seinem Bruder, Kurt-Georg Scheible, entwickel-

Anhang

te Klaus Scheible 2011 das einzigartige Verhandlungsprogramm „Im Kopf des Einkäufers®". Grundlage des Seminarprogramms ist der aktuelle Praxisbezug und der Facettenreichtum des Verhandelns, aber auch das Wissen um die Vorgehensweise eines Einkäufers. 2012 etablierten beide Brüder die Marke „Scheible & Scheible – Die Erfolgsverhandler®".

Klaus Scheible lebt seine unternehmerischen Erfahrungen und kann zu Recht als Vollblutverhandler bezeichnet werden. Er überzeugt in Beratungen und begeistert die Teilnehmer von Trainings und Seminaren mit seinen praxisbezogenen und lebendigen Vorträgen

Seminare

- **Im Kopf des Einkäufers® 1 und 2**
  Vielen Menschen im Vertrieb ist die Aufgabe eines Einkäufers im Handel nur unzureichend oder gar nicht bewusst. Ein Einkäufer hat einzig und allein eine Aufgabe: Für sein Unternehmen einen Vorteil erhandeln – und zwar einen Vorteil gegenüber dem eigenen Wettbewerb, nicht mehr und nicht weniger. Der Verkäufer ist da nur „Mittel zum Zweck".
  Aus diesem Umstand ergibt sich für den Einkäufer eine Vielzahl an Verhandlungsmöglichkeiten, sozusagen Stellschrauben, mit denen er den Verlauf einer Verhandlung beeinflussen und steuern kann. Aus Sicht eines Verkäufers haben diese Geschäftsgespräche den Charakter einer Verhandlung mit übermächtigen Gegnern, denn alle Vorteile scheinen beim Einkäufer zu liegen und nicht bei ihm. Es ist jedoch kein Widerspruch, dass diese Optionen ebenso für den

Vertriebler Vorteile sein können, die erfolgreich genutzt werden können.

Klaus und Kurt-Georg Scheible haben ihre jahrzehntelangen Erfahrungen aus Verhandlungen auf nationaler sowie auf internationaler Ebene zusammengetragen. Aufgrund ihrer unterschiedlichen Blickweisen haben sie ihr umfangreiches Wissen in zwei Seminaren aufbereitet: „Im Kopf des Einkäufers® 1" und „Im Kopf des Einkäufers® 2". Lebendig und praxisbezogen nehmen beide einen Perspektivwechsel vor und erläutern so in einer „360 Grad-Ansicht" das gesamte Wesen von Verhandlungen. Sie erklären die Vorbereitungsphase, psychologische Elemente, Verhandlungstaktiken und entsprechende Gegenmaßnahmen. In praktischen Übungen wird das neuerworbene Wissen vertieft. Dabei legen Klaus und Kurt Scheible Wert darauf, dass die Teilnehmer der Seminare unterschiedliche Verhandlungsseiten einnehmen. Ebenso räumen beide Erfolgsverhandler mit den geläufigsten Irrtümern in Geschäftsgesprächen auf.

Ihre Seminare sind ein Muss für alle, die hauptsächlich im Vertrieb arbeiten, aber für die, die im Einkauf tätig sind – vom Vertriebler bis zum leitenden Management. Überdies sind die Seminare der Erfolgsverhandler ebenso für Menschen zu empfehlen, die täglich in Verhandlungen stehen und verhandeln müssen.

- „Im Kopf des Einkäufers® 1"
  Warum der Einkauf ständig kleinere Preise fordert – und wie Sie sich dagegen wehren können.

Anhang

Inhalte:

Vermittlung von neuen Erkenntnissen, Wissen und Inhalten mit erkennbarem Praxisbezug.
Vorgehensweisen der Handels-Einkäufer – und die wirkungsvollsten Abwehrstrategien.
Was wirklich hinter den Strategien der Einkäufer steckt – und wie Sie davon profitieren.
Was Einkäufer lieben, was sie hassen – und was Sie zur Nummer 1 bei ihnen macht.
Wie Sie von den Inhalten profitieren – Ihr Nutzen: Aktuelles praxisnahes Expertenwissen aus zwei Bereichen.
Schutz vor Tricks und Bluffs.
Schutz vor Margen-, Auftragsverlust oder gar Exit als Lieferant.
Positive Entwicklung der Geschäftsbeziehung.
Höhere Preise und nachhaltig höhere Erträge.

- „Im Kopf des Einkäufers® 2"
  Die 7 größten Irrtümer der Verkäufer – und wie Sie geschickt vermeiden auf diese hereinzufallen.

Inhalte:

Der Handel rüstet auf: Mehr und Neue Verhandlungstaktiken! So wehren Sie sich erfolgreich!
Das veränderte Vorgehen der Handels-Einkäufer: Ruhiger, Sachlicher – Partnerschaftlicher?
Schwierige Verhandlungen. Worauf es ankommt und was wirklich hilft.

- Die 7 größten Irrtümer im Vertrieb – und wie Sie geschickt vermeiden darauf hereinzufallen.

- Hilf Dir selbst – sonst tut es ja keiner. Selbstcoaching vor und während Verhandlungen.

Wie Sie von den Inhalten profitieren – Ihr Nutzen:
- TOP-Aktuelles praxisnahes Expertenwissen aus zwei Bereichen.
- Schutz vor den neuesten Tricks, Bluffs und Einkäufer-Maschen.
- Schutz vor den 7 größten Irrtümern in Verkauf und Vertrieb.
- Positive Entwicklung der Geschäftsbeziehung. Mehr Umsatz. Mehr Gewinn.
- Höhere Preise und nachhaltig höhere Erträge.

Auf Kongressen und Firmenveranstaltungen geben die Brüder Scheible ihr Wissen in aktuelle Praxisfälle verpackt unterhaltsam und lebendig in Vorträgen einem breiten Publikum weiter. Zahlreiche Veranstalter vertrauen deshalb immer wieder gerne auf Scheible & Scheible und sorgen so für einen Höhepunkt auf Jahrestagungen, Versammlungen und Meetings.

Mit der Strategieberatung von ErfolgsCampus unterstützen sie namhafte Unternehmen aus der Konsumgüter- und Zulieferindustrie bei Projekten zur Preis-, Konditions- und Markenführung und für erfolgreichere Verhandlungen mit übermächtigen Gegnern.

Stichworte

11. September 121

A
Abhängigkeit, Preis der 109
Analyse 56
ARD 176
Aufsplittung 75

B
Bad-Guy-Taktik 119
Bedürfnisse 169, 178
Bedürfnisse hinter den Bedürfnissen 169
Beziehungsebene 179
Bodenstedt, Martin von 162
Briefing 55, 56

C
Christian 19, 27, 29, 30, 31, 39, 45, 72, 77, 84, 102, 114, 118, 122, 130, 131, 132, 139, 140, 141, 157, 158, 159, 172, 173, 177, 178, 201
Coaching 192, 195

E
eine Hand wäscht die andere-Taktik 113
Einkäufer 7, 15
einverstanden 38, 41
Einwandbehandlung 178
EXIT-Strategie 125

F
Facetelling 162, 163, 164, 165, 166
Fauler Kompromiss 101
Freundschaftspreis 117

G
Gedanken, Kraft der 137
Gesprächseinstieg 26

H
Herdeneffekt 105
hören 37, 38, 41

I
im Kopf des Einkäufers 15
Informationen 53, 54

K
Kommunikation 25, 41
Konditionstausch 87
Kraft der Gedanken 137
KuHo 138

M
Menschenkenntnisse 22

mentale Einstellung 23, 137, 140, 141, 143, 145, 146, 150

N
Nachwort 201
Netzwerk 63, 64

O
Optionen 57, 59

P
Pause 34
Persönlichkeit 153, 156
Präsentation 33
Praxis 191
Preis 46, 49, 50
Preis der Abhängigkeit 109
Preis, theoretischer 91
Psychologie 151

R
Rambo-Taktik 133
Recherche 58, 59, 61, 62, 64
Redezeitanteil 33
Rückzugsszenario 93

S
Sachebene 181
Salami-Takti 71
Scheible, Kurt-Georg 203
Smalltalk 26

Strategie 67
Stresstest 129

T
Taktik 67, 69
theoretischer Preis 91
Thermometer-Grafik 153
Training 192
Treppenverhandlung 77

U
Überraschungstaktik 89
Unwissenheitspreis 97

V
Vergleichsverhandlung 79
Verhandlungsaufgabe des Einkäufers 48, 52
Verhandlungsgegner 22, 23, 64, 156, 159, 165
Verhandlungs-GRID 65
Verhandlungspartner 64
Verhandlungstaktiken 20, 22, 43, 67, 68, 71, 75, 77, 79, 83, 87, 89, 91, 93, 97, 101, 105, 109, 113, 117, 119, 121, 125, 129, 133
Verhandlungsteam 58
Verhandlungstechniken 15
verstanden 41
verstehen 37, 38, 41
Vertrieb 15
Vorbereitung 43, 51, 53, 57

W

Was? 27
Was Einkäufer hassen 187, 188
Was Einkäufer lieben 169, 187
Wer? 26
Wie? 26

X

Xing 63

Z

ZDF 175, 176
zuhören 35
Zukunftskondition 83
Zusammenfassung 199